VOCÊ *e a reforma* ÍNTIMA

EDITORA EME eldorado

Distribuição

EDITORA EME

Caixa Postal 1820 - CEP 13360-000 - Capivari - SP
Telefones: (19) 3491-7000 | 3491-5449
Vivo (19) 99983-2575 | Claro (19) 99317-2800
vendas@editoraeme.com.br - www.editoraeme.com.br

WILSON GARCIA

VOCÊ e a reforma ÍNTIMA

Capivari-SP
– 2018 –

A Editora EME mantém o Centro Espírita "Mensagem de Esperança" e patrocina, junto com outras empresas, instituições de atendimento social de Capivari-SP.

3ª edição - dezembro/2018 - de 10.501 a 11.500 exemplares

CAPA | Victor Benatti
DIAGRAMAÇÃO | Victor Benatti
REVISÃO | Editora EME

Ficha catalográfica

Garcia, Wilson,1949
Você e a reforma íntima / Wilson Garcia - 3ª ed. set. 2018 - Capivari-SP: Editora EME/Eldorado
168 pág.

1ª edição : nov. 1990
ISBN 978-85-7353-082-0

1. Espiritismo. 2. Reforma íntima.
3. Administração do pensamento. 4. TÍTULO.

CDD 133.9

"... A pessoa que nem sequer concebe o mau
pensamento, já realizou o progresso;
aquela que ainda tem esse pensamento,
mas o repele, está em vias de realizá-lo;
e, por fim, aquela que tem esse pensamento
e nele se compraz, ainda está sob
toda a força do mal."

A. Kardec in O Evangelho segundo o Espiritismo,
cap. VIII, Ed. EME, pág, 131.

SUMÁRIO

PREFÁCIO À 2ª. EDIÇÃO

Diante do mundo atual, os espíritos ávidos de progresso vivem o dilema diário da indecisão entre modificar o social para melhorar o homem e melhorar o homem para alterar o social. A questão se estende à dúvida do que seja real e até mesmo mais importante: é possível melhorar o social a partir da melhoria do homem ou trata-se de uma ilusão o ideal da melhoria social a partir da mudança do homem?

Outra pergunta: qualquer projeto com a pretensão de construir uma sociedade ecoequilibrada só poderá ser pensado a partir de esforços de aprimoramento das estruturas sociais, como condição básica para o progresso individual, em flagrante oposição à ideia de que o homem é o ponto de partida e de chegada de tudo?

A discussão que coloca o homem e a sociedade em polos distintos, separados, é incapaz de responder com propriedade ao dilema colocado.

Mas é preciso abordar a questão com toda a clareza possível, a fim de responder a outras dúvidas que se colocam, especialmente no ambiente onde a espiritualidade assume posição central.

Nenhuma análise social será capaz de esclarecer a complexidade do homem, da mesma forma que nenhuma abordagem do indivíduo isolado dará conta de deslindar completamente o comportamento social. Ou seja, homem e sociedade formam um conjunto de tal ordem que sua compreensão exige um esforço permanente de entendimento de suas influências recíprocas.

O ambiente espiritual, aquele espaço real ou virtual onde os indivíduos e as instituições têm por interesse primário as questões relacionadas com a alma, o seu estudo, a sua compreensão, costuma colocar sua ênfase sobre a individualidade, o ser, vendo nele capacidades e condições, competência e habilidades, via de regra com a intenção de atribuir-lhe um valor suficientemente capaz de sobrepor-se às injunções do meio em que vive.

A ideia se assenta sobre um certo entendimento de que o indivíduo é mais forte do que a sociedade, residindo aí a possibilidade da construção de uma sociedade justa. Assim, o indivíduo é quem tem a resposta para todas as dúvidas e nele está o futuro da sociedade.

A seu turno, os estudiosos da sociedade - aqui compreendidos não apenas os sociólogos, mas todas as linhas de pensamento comprometidas com o progresso social - apartados de uma concepção valorizadora da alma ou de qualquer preocupação com sua existência, enfatizam a importância do aprimoramento social e, em geral, compreendem que regras, leis, limites impõem-se sobre os indivíduos e os levam forçosamente a se aprimorarem.

Sob a força de condições determinadas, os indivíduos não teriam outra saída senão se ajustar para, então, poder colimar seus anseios de felicidade, anseios que são, antes de tudo, sociais. Neste caso, a sociedade é quem tem a resposta para tudo ou, melhor, a sociedade é a própria resposta.

O propósito deste livro é analisar a ênfase que o espiritismo dá ao homem, na proposta amplamente disseminada da reforma íntima, para compreender que essa proposta tende a ter sua importância aumentada quando o homem é compreendido como um ser inseparável do seu meio social e tende a diminuir seu valor quando, ao contrário, a ênfase ao indivíduo não considera convenientemente a influência do social.

E indiretamente deixar claro, também, que a sociedade, sendo o conjunto adequadamente estruturado de indivíduos vivendo em regime de interatividade, apesar disso não contém em si mesma toda a capacidade de autoaprimoramento.

Por fim, vale esclarecer que a presente edição traz profundas alterações em relação à primeira, publicada em 1998. No período de cinco anos entre uma e outra, a sociedade sofreu grandes transformações e o próprio autor viu-se na contingência de atualizar conceitos para melhor explicar suas ideias.

Um livro que fala de mudanças é um discurso mutável. Por isso, decidi por uma revisão abrangente de conceitos e de forma. Cinco anos de amplos e novos estudos foram mais do que suficientes para fazer ver que o livro só não envelheceu na proposta. Tudo o mais – ou quase tudo – estava merecendo melhor enfoque.

Se não mudei mais amplamente foi por absoluta impossibilidade de resolver um texto que já não mais expressava tudo o que os estudos haviam ensinado posteriormente. Por exemplo, quase nada falamos sobre a consciência e, no entanto, ela constitui capítulo importantíssimo da individualidade humana.

Fica, portanto, como um compromisso para o futuro a abordagem da consciência e sua relação com o espiritismo. E um agradecimento à estimada amiga Glória Vetter e seu grupo de estudos na internet, que me permitiram discutir o texto em processo de revisão e ofereceram importantes reflexões sobre a forma e o conteúdo.

Fiz remendo novo em calça velha?

W. Garcia

01

VOCÊ E A REFORMA ÍNTIMA

O espiritismo tem por objetivo mostrar
a realidade do mundo para facilitar
a inserção do homem neste mundo
e auxiliar sua evolução.

A primeira vez num centro espírita é sempre uma novidade. Com o tempo, vem o hábito e com ele uma certa acomodação. Muitas pessoas se tornam espíritas desta forma.

A maioria? Possivelmente.

Mas há aqueles que acabam por gostar do espiritismo através de outros meios, que não o centro. Por exemplo, em conversas com amigos, pela leitura de livros, em razão de filmes temáticos ou de novelas nas TVs. E por aí afora.

Existe mesmo uma grande quantidade de pessoas que são admiradoras das teses espíritas e às quais dão valor a ponto de colocarem seu interesse por elas em mídias que tratam do assunto, mas nunca foram a um centro espírita.

O que, convenhamos, não constitui nenhum problema, porque, diferentemente de outras doutrinas, para se tornar espírita ou se interessar pelo espiritismo não é obrigatório ir a um centro espírita.

Eu mesmo me convenci das teses espíritas após a leitura de *O Livro dos Espíritos*. Só mais tarde fui conhecer um trabalho espírita organizado e, mais tarde ainda, um centro espírita.

> *O espírita não precisa ser obrigatoriamente um frequentador do centro, muito embora seja útil a qualquer pessoa participar de um.*

Isto porque é no centro espírita onde melhores condições se tem de estudar a doutrina kardecista, participar de práticas mediúnicas, atividades assistenciais, além, é claro, de conviver em um ambiente onde a linguagem é totalmente voltada para os conhecimentos específicos da doutrina.

E você sabe que a convivência com pessoas mais ou menos conhecedoras do assunto que nos interessa é uma ótima oportunidade de melhoria do nosso próprio saber. Seja onde for que tomemos contato com o espiritismo, de uma coisa logo somos convencidos: a necessidade de observar o conteúdo ético e moral da doutrina.

Por quê? Pelo fato de ser o espiritismo uma doutrina interessada em contribuir para a melhoria social e compreender que essa melhoria tem como um dos polos importantes o indivíduo.

Embora se compreenda seja um aspecto amplamente discutível, o certo é que a ética dos indivíduos constitui uma espécie de ponto de honra do espiritismo.

Assim, o conhecimento que a doutrina disponibiliza passa pela moral; afirmamos sempre que o espiritismo é uma filosofia com comprovação científica de consequência moral.

Invariavelmente, leva a pessoa a se preocupar com sua realidade íntima e a dar-lhe atenção por entender que aí está uma das bases da felicidade individual, da mesma forma que a felicidade social depende da qualidade da participação das pessoas na sociedade e de como essa sociedade está estruturada para proporcionar aos seus membros condições justas e adequadas.

Firme-se este ponto: a felicidade é uma possibilidade dependente do indivíduo enquanto ser interessado nela, e da sociedade enquanto instituição coletiva.

Nos centros espíritas, a questão da moral individual é um ponto de honra. Historicamente, tem sido assim, ou seja, o centro espírita se autoerigiu em local ou espaço público onde as criaturas se reúnem com diversos objetivos, um dos quais o estudo da realidade ou essência espiritual do ser humano, sob a visão da evolução, do progresso, do aprimoramento da individualidade.

Compreende-se que as condições sociais tendem a se aprimorar quando os indivíduos que as constroem são portadores de uma consciência de vida que contempla a realidade espiritual e a realidade material, em sua conjugação de forças e influências mútuas.

Esse compromisso de conscientizar o homem de suas responsabilidades para consigo e a sociedade encontra no centro espírita uma seriedade indiscutível que, às vezes, é elevada ao exagero, especialmente quando se coloca sobre a moral individual todo o peso da filosofia espírita, negligenciando-se o fato de que há outros aspectos de igual importância para serem analisados.

Exageros à parte, o que você talvez mais vai ouvir falar no centro espírita ou em conversas fora dele é sobre a necessidade de realizar a reforma íntima

Estas duas palavras bastante expressivas aparecem hoje em qualquer roda onde se converse sobre espiritismo, e aparecem com certa ênfase, dada à ideia estabelecida de sua máxima importância.

Fazer a reforma íntima surge, portanto, como obrigação individual imediata e, para boa parcela de adeptos, primeira, dado entenderem-na fundamental para o futuro do ser.

Por medida de economia comunicacional, a reforma íntima passou a ser conhecida em muitos lugares pela sigla RI. Fala-se, pois, em RI para designar as mudanças comportamentais que você, eu e as demais pessoas no planeta Terra devem promover com vistas a uma vida social melhor e a um futuro espiritual feliz.

Por outro lado, o valor atribuído à RI é de tal ordem nos meios espíritas que boa parte das pessoas, entre elas alguns dirigentes, trabalha com a ideia de que o objetivo principal, máximo, do espiritismo é oferecer instrumentos para que os indivíduos empreguem seus esforços de mudança comportamental.

Por isso, desde já é bom você saber que, neste particular, está se fazendo uma certa confusão, ou seja, os valores estão sendo invertidos:

> *A RI é de fato importante,*
> *mas não é o objetivo* ***principal*** *do espiritismo.*

Reduzir o espiritismo à RI significa minimizar a importância do conhecimento de que ele se faz portador, promovendo-se uma inversão de valores no que diz respeito à filosofia espírita.

O conceito vigente é de que a filosofia espírita resulta em consequências morais, seja pela lógica dessa própria filosofia, seja pelos argumentos de que se vale, seja, enfim, pela visão de mundo que proporciona.

Tomar as consequências morais pela razão maior do espiritismo será o mesmo que afirmar que o espiritismo é uma moral de consequências filosóficas. Digamos que a RI se apresenta para a doutrina como um meio - mas não o único - pelo qual o indivíduo pode alcançar o seu propósito de felicidade.

Então, poderá você perguntar qual é o verdadeiro objetivo do espiritismo. Direi, refletindo com o professor Herculano Pires:

> *O espiritismo tem por objetivo mostrar a realidade do mundo para facilitar a inserção do homem neste mundo e auxiliar a sua evolução.*

Esta definição é de algum modo surpreendente, mas também interessante.

Vejamos como podemos compreendê-la: a realidade do mundo que o espiritismo mostra é aquela em que a vida no Universo se manifesta em dois planos: o visível e o invisível. O visível significa o material e o invisível refere-se ao que se convencionou por espiritual.

> *O ser humano é um somatório*
> *de matéria e espírito.*

A vida, portanto, não se resume ao mundo dito material ou físico; ela inclui também o espiritual, não apenas como reafirmação de que a alma existe, mas como indicação de que há uma realidade dinâmica onde a vida está presente com as mesmas características do mundo físico.

Ambos, visível e invisível, são devidamente estudados pelo espiritismo.

Esses dois planos têm influência um sobre o outro, ou seja, nós, encarnados na Terra, influenciamos os espíritos desencarnados, que vivem fora das nossas possibilidades de visão física. E vice-versa: os espíritos nos influenciam. Esta influência se dá, principalmente, por meio do pensamento, como você poderá ver no capítulo "A chave do espiritismo".

O estudo das relações entre planos distintos da vida, a sócio-interatividade que se processa permanentemente entre seres visíveis e invisíveis fornece aos homens uma condição amplamente favorável à aquisição de uma nova consciência de vida.

O progresso é, pois, a destinação do homem, ou seja, nascemos, experimentamos, aprendemos e evoluímos ancorados em dois polos: no saber e no sentir.

Está correto, portanto, dizer que o espiritismo auxilia a evolução do homem, por permitir-lhe a posse de conhecimentos importantes e estimular a aplicação desses conhecimentos na vida diária.

Por outro lado, a doutrina incentiva ao aperfeiçoamento ou domínio das emoções através de esforços objetivos, propositais, direcionados. A RI aparece aí como um meio de progresso, disponível ao crescimento interior ou, se quiser, ao aperfeiçoamento espiritual; um outro meio é o conhecimento, o domínio da verdade, a informação transformada em saber.

Em resumo, você precisa conhecer o mundo, suas leis naturais, seus mecanismos de funcionamento para ter condições de bem viver e para poder discernir sobre o caminho ideal para a felicidade. Léon Denis dizia com grande propriedade que saber é o supremo bem e todos os males vêm da ignorância.

02

CONCEITO DE REFORMA ÍNTIMA

Toda alegria, toda satisfação
será sempre passageira;
as únicas definitivas advêm
do amor ao próximo.

Começamos o capítulo com uma pergunta: o que é reforma íntima? Essa pergunta vale para outras questões correlatas, tais como: o que é o amor? o que é o perdão? o que é a caridade? E assim por diante.

O que desejamos não é bem o significado de reforma íntima, mas desenvolver um tipo de raciocínio capaz de levar à compreensão prática de como executar a RI a partir de uma visão clara dela mesma. Assim, se compreendermos realmente a sua significação ficará mais fácil a sua adequação ao cotidiano.

Não se trata, pois de procurar respostas na construção de um conceito que no fundo nada acrescenta nem esclarece, porque simplesmente repete o que já é conhecido, o que já se tornou tradicional e se transformou em chavão pelo senso comum.

Precisamos sair da familiaridade, da proximidade estabelecida pelos anos de convivência com o conceito; precisamos nos deslocar provisoriamente do âmbito em que a cultura da reforma íntima nos impõe uma falsa noção de domínio da questão.

Trata-se de um esforço mental que nos impulsiona na trilha do raciocínio e nos pede para analisar aspectos que a rotina do dia a dia nos subtrai.

Aparentemente, para boa parte das pessoas a questão está resolvida. Basta-lhes a ideia de que reforma íntima significa o mesmo que mudança interior. Mas isto responde apenas por repetição, ou seja, mudança do interior é o mesmo que reforma íntima.

Ora, então não responde, não expressa um conceito verdadeiro, pois o conceito é a resposta clara. Nesta linha de raciocínio podem-se incluir aqueles que preferem outros termos, outras formas para designar o esforço de mudança de comportamento, e por isso utilizam em lugar de reforma íntima expressões como: transformação interior, crescimento íntimo, evolução interior etc.

Entendem, assim, que a expressão reforma íntima ou não é adequada ou não oferece boas condições de uso em relação à proposta de progresso moral oferecida pelo espiritismo. De fato, a expressão reforma íntima se encontra carregada de sentidos outros, que a dominam e em certa medida a aprisionam às formas religiosas antiquadas.

Mas há a favor da expressão a sua grande popularidade, aliada ao fato de que ela se tornou forma dominante de referência das consequências morais da filosofia espírita. Por outro lado, uma preocupação básica a todos une: a do processo de transformação.

Todos aqueles que se interessam pelo assunto estão certos de que o entendimento do processo da reforma íntima é fundamental para o sucesso do empreendimento. Assim, entende-se que se dominamos o processo automaticamente dominaremos a ação.

Portanto, ao tentar entender o termo através de sinônimos estamos quase sempre reproduzindo formas, mas não estabelecendo ideia clara, conceito ou processo. Vale perguntar, então: onde falta clareza? Falta exatamente ali onde não se consegue ter um domínio preciso do que reformar e se, uma vez iniciada a reforma, está ela em curso de fato.

REFORMA OU MUDANÇA

Entre os inúmeros sentidos atribuídos ao termo *reforma*, dois em especial nos interessam aqui: primeiro, o sentido que diz respeito à introdução de mudança em algo com vistas ao seu aprimoramento; segundo, o sentido de um melhoramento no âmbito da moral individual.

Ambos se enquadram nos objetivos propostos para a expressão reforma íntima, pois parece não haver dúvida sobre o fato de que se pretende desenvolver um ser humano melhor em termos de **poder** e de **saber** escolher entre o bem e o mal, entre o certo e o errado, entre o justo e o injusto.

Mas também se deseja um ser humano melhorado em suas condições particulares de atuação na sociedade com vista a uma reconstrução da estrutura social, dotando-a de valores concernentes ao homem cujo progresso atingiu um estágio moral satisfatório.

Nesta condição, a expressão reforma íntima adquire um significado mais claro e objetivo. Ela não fala de uma reforma qualquer, mas de uma mudança positiva no âmbito interno do próprio indivíduo, da sua consciência e, em especial, nos domínios do sentimento.

E fala também indiretamente de um aprimoramento do saber, no âmbito do conhecimento ou domínio do intelecto. Saber e sentir caminham juntos. Não é dizer que o primeiro complementa o segundo; é mais, é dizer que o saber depende do sentir e vice-versa.

O que faço aqui, agora, ao refletir sobre o sentimento é reconhecer que a reflexão é um ato cognitivo, racional, destinado a aumentar o valor do sentimento. Entendo também que em condições interiores equilibradas terei mais condições de apreensão do conhecimento, o que reforça a minha disposição de modificar o sentimento e suprimir suas deficiências.

Voltaremos a esse ponto mais à frente.

Agora, porém, é preciso pensar o processo da reforma íntima, e pensar sobre algo que tem o significado da segurança para responder a perguntas do tipo:

– Como poderei ter certeza de que estou fazendo a reforma?
– O que eu posso usar como garantia de não estar iludido, imaginando fazer uma reforma que pode não estar acontecendo de fato?

São perguntas dispensáveis?

O ato da reforma é em si muito claro, fácil de perceber?

Não creia nisso!

Dê um tempo e pondere. Há uma complexidade neste ato e qualquer facilidade aqui será mera ilusão.

Por outro lado, existe uma questão tão importante quanto, a apontar para algo específico relacionado às minhas convicções enquanto adepto do espiritismo: como a doutrina estruturada por Kardec responde às indagações acima? Tem ou não tem o espiritismo algo a oferecer nesse aspecto?

Como eu, você também não quer respostas por repetição; procura certezas. Vamos, pois, recorrer a analogias. Desde os gregos até Descartes e aos nossos dias, as analogias podem ser eficientes auxiliares da razão desde que seu significado se relacione ao contexto.

Sabemos que a reforma íntima diz respeito a algo que não vemos, algo quase imperceptível que se processa no mundo dos sentimentos. Comparando-a, por exemplo, à reforma da casa onde moro verifico que algo de diferente ocorre. Se uma parede está úmida, conserto a instalação hidráulica e sei que o problema foi solucionado porque a umidade desaparece.

Se esta mesma parede ficou manchada pelo tempo de umidade, pinto-a e com um simples olhar percebo que a pintura ficou bem executada. Ou seja, o resultado desse tipo de reforma aparece, é visível e me permite uma avaliação imediata.

A reforma íntima, contudo, não oferece esse tipo de certeza, pois ela diz respeito a um processo de mudança subjetiva, com uma margem muito grande para o autoengano. O que se passa no domínio das coisas visíveis me possibilita um controle seguro, mas o que se desenrola no domínio da subjetividade, não. A não ser que eu possa dispor de instrumento de verificação de controle que desconheço. A questão então é saber se o espiritismo dispõe desses instrumentos.

FÉ, AMOR E OUTROS SENTIMENTOS

Antes de nos lançar à procura dos instrumentos de verificação e controle das coisas que se passam no plano invisível, façamos algumas outras reflexões. Elas serão auxiliares eficientes para uma compreensão do tema.

O espiritismo ensina:

Fé verdadeira é aquela que pode encarar a razão face a face em todas as épocas da humanidade.

E com isso não só diz que fé e razão podem se aliar como, também, apresenta uma outra dimensão para o termo *crença*, pois dota-o do significado de fé numa definição próxima de atitude de quem se persuadiu de algo pelos caracteres de verdade que ali encontrou. A razão é, pois, o caráter fundamental da fé e da crença para o espiritismo.

Quero com isto dizer que a fé não é algo que se relaciona apenas ao sentimento, como nos ensinou até aqui a tradição religiosa. A fé é reflexiva, é racionalizável, tem um conteúdo de saber capaz de explicar acontecimentos, ao contrário, portanto, daquele sentimento culturalmente estabelecido, que prescinde de explicações e de provas porque se prende ao domínio da emoção.

A fé continua sendo uma conquista, algo que se alcança pela reflexão a respeito do conhecimento apreendido. A fé não deixa de ser uma forma de sentir, mas um sentir amparado naquilo que pode ser explicado em bases lógicas e científicas. Ante, portanto, à fé o espírita dirá: "creio porque sei".

Eis onde queremos chegar: é isso que precisamos compreender quando a questão é a reforma íntima. Ou seja, precisamos de uma resposta que nos garanta total controle da situação, completa segurança para realizar o que nos propomos.

A mesma pergunta feita para outras questões encontra idêntica necessidade de respostas claras. Você tem todas as razões do mundo para desconfiar e acreditar que algo anda errado no que diz respeito ao entendimento do amor, perdão, caridade etc.

Todas as respostas que obtém quando procura conceituar esses termos apenas repetem aquilo que já é conhecido da maioria. Entretanto, nós temos pela frente o desafio de amar, perdoar, praticar a caridade e assim por diante. É, com certeza, o mesmo que ocorre com os outros indivíduos, afinal estamos todos em busca de alguma coisa muito semelhante.

Pode parecer banal perguntar o que é o amor, o perdão e a caridade, mas, talvez, o que esteja de fato banalizado é o que se tem ainda por resposta. Ouvimos as pessoas dizerem que amam, mas também as vemos envolvidas em situações difíceis com seus amados, de tal modo que nos indagamos se de fato amam.

Parece-nos por demais lógico que se amassem verdadeiramente não resolveriam seus conflitos amorosos pelas vias da violência.

O amor em nosso mundo anda preso aos interesses e, uma vez contrariados esses, diminui e – até! – desaparece. Isso prova no mínimo uma coisa: não somos ainda espíritos superiores, por uma razão muito simples: enquanto neles o amor se mantém íntegro, inabalável, sejam quais forem as circunstâncias, em nós o amor está preso às circunstâncias do cotidiano.

Com base nos paradigmas que conhecemos, podemos discutir o amor e ter noções altamente interessantes dele. O ideal, porém, é que pudesse ficar claro, de uma vez por todas, que o sentimento que nutrimos e chamamos de amor é verdadeiro. Caso contrário, que fique escancarada à nossa frente a porta pela qual se pode entrar e encontrar o conceito do amor e de sua prática pura.

Um dos maiores paradigmas do amor que o mundo conheceu foi o Cristo. Sua máxima a esse respeito é: "Amar a Deus sobre todas as coisas e ao próximo como a si mesmo". Conquanto já se tenham transcorrido mais de dois mil anos desde sua passagem pela Terra, o pensamento continua válido integralmente: amar ao próximo é o desafio de todos os tempos e para todas as pessoas.

Mas um desafio que não parece tão perto assim de se tornar realidade, exatamente pelas implicações que tem e por um aspecto muito importante: amar é um verbo que está diretamente relacionado a todas as virtudes que o ser humano busca alcançar quando coloca a reforma íntima como um dos seus objetivos de vida.

Se sabemos o que é amar e convivemos intimamente com a dor podemos estar trilhando o caminho equivocado da prática do amor. Será que estamos iludidos em relação ao amor? Há muitas probabilidades de que isto esteja acontecendo.

O amor é um sentimento que leva o ser a querer o melhor para a pessoa amada, mas, não estaria esse "melhor" envolto no manto do egoísmo? Caso positivo, a solução seria então reduzir o egoísmo para tornar mais puro o amor!

Em teoria, essa seria a solução, mas, na prática, estamos sempre confiando em que o nosso sentimento contém um grau de pureza que o outro não vê, razão porque o outro nem sempre corresponde ao nosso amor.

A solução, portanto, para os que de fato desejam aprimorar o sentimento, está em poder constatar o "grau de pureza" do seu amor, ou seja, do sentimento de amor que expressam e procuram praticar.

> *Ora, como você pode "medir" e quantificar um objeto que, em princípio não é mensurável e se denomina sentimento? Onde estão os valores capazes de lhe definir a dimensão, extensão e que possam determinar o seu "grau de pureza"?*

Com as coisas materiais você pode utilizar padrões de medida. Em primeiro lugar você estabelece o padrão, depois mede. Assim é que para determinar a qualidade de um espelho você utiliza o espelho padrão e fica sabendo, por ele, se o outro é igual ou inferior.

E pode ainda estabelecer várias graduações: excelente, muito bom, bom, inferior e ruim. Com isto você determina não apenas a medida, mas, também, a segurança para si mesmo.

É verdade que, em relação ao amor, você pode lançar mão de alguns padrões já preestabelecidos: amor sincero, amor verdadeiro, amor fraco, amor filial, e assim por diante. Mas, esses padrões, você bem o sabe, estão eivados de vícios porque são todos baseados na capacidade ainda precária de prática do amor pelo ser humano.

Você pode tomar então o pensamento do paradigma e utilizá-lo como padrão. Assim, o sentimento do amor em relação a Deus e ao próximo passa a ser o padrão com o qual você vai medir o seu sentimento, de preferência.

Mesmo porque não fica bem para você e para nenhuma outra pessoa sair por aí medindo a capacidade do próximo de amar, não é mesmo? Uma coisa que precisa ficar de uma vez por todas esclarecida é que ninguém é bom sentinela da vida alheia, afinal "tomar conta" da vida do outro constitui um ato de desamor...

Pois bem, o padrão "amar a Deus sobre todas as coisas e ao próximo como a si mesmo" passa a ser aquele que vamos utilizar para medir o amor. Trata-se de um padrão expressivo do ponto de vista da excelência: é, filosoficamente, elevado, pois resume tudo aquilo que o ser humano precisa para alcançar a felicidade.

Porém, enquanto esse padrão dá a você a medida exata da expressão do amor, não consegue fornecer a medida e o grau daquilo que você sente; você poderá estar seguro de que ama a Deus e ao próximo, acredita piamente que ama, mas não sabe como graduar isso para estabelecer a pureza do sentimento.

É aí que entra a ilusão: você poderá estar sentindo o amor maior do mundo e ao mesmo tempo não o estar de fato vivendo.

A questão do sentimento é muito complexa. Simplificando, diria o seguinte: o amor a Deus se estabelece, quase sempre, em cima daquilo que aprendemos, da consciência que adquirimos em relação a Ele e ao que seja amá-Lo.

Esta consciência, portanto, foi adquirida do exterior e foi estruturada com o ensinamento que nos foi passado, com as verdades que nos foram dadas como tais.

Você pode modificá-las, torná-las diferentes e dar a essas verdades uma compreensão própria e é isso que você de fato faz, mas quanto essa modificação, essa forma de ver a verdade corresponde a algo realmente melhor? Esta é a questão.

Há um detalhe em nossa cultura que vale a pena estudar: os valores de que nos servimos para viver estão de tal forma estabelecidos que nos levam a experimentar ilusões em lugar de realidades. Nós julgamos o mundo pelos valores de que nos nutrimos.

Nosso olhar sobre o mundo é um olhar sempre crítico, mas nem sempre claro e justo. Você olha o mundo pelas suas lentes, mas o vê também pelas lentes dos outros. A quadra poética é válida:

> *"Na correnteza da vida / és madeira que flutua /*
> *são os outros que te levam / e pensas que a força é tua".*

Se você chegar à conclusão de que precisa mudar os valores e substituí-los por outros melhores e mais seguros, com certeza estará no caminho da reforma íntima, porque ela é, de fato, a substituição de valores.

O ideal, então, seria você agregar à sua cultura alguns valores novos, que pudessem lhe dar certas garantias com relação ao que sente, não é verdade? Mas, onde estão eles?

Eis o desafio!

Continuemos com o nosso paradigma.

Para amar a Deus sobre todas as coisas você precisa de uma certeza: o que é o amor puro. Por quê? Simples: se Deus é perfeição, o amor que o atrai é o amor puro. É evidente que, enquanto você é imperfeito, Deus deve compreendê-lo e atender às suas necessidades, mas o objetivo aqui é estabelecer uma relação entre você e Ele de tal forma que alcance o máximo do sentimento e do retorno.

Ora, para conviver bem com qualquer ser é preciso harmonizar os sentimentos; com Deus isso não seria diferente: quanto mais pudermos expressar o puro amor, mais entendimento com Ele.

Isso, de alguma forma, se estende ao próximo, ou seja, a nossa busca constante é a da pureza do sentimento para poder amá-lo, uma vez que a medida do amor já foi estabelecida: "amar ao próximo como a si mesmo".

Como não nos conformamos com um "pequeno amor" e menos ainda com um "amor passageiro", fica claro que o amor ao próximo deve ser o mais puro possível.

> *Estamos, portanto, diante da necessidade de estabelecer o grau de pureza do nosso amor; precisamos "medir" o nosso sentimento, ou seja, ter sobre ele um controle efetivo de modo a poder dizer com segurança: eu amo do mais puro amor que o mundo conhece.*

E aí esbarramos com uma dificuldade: como medir de fato, já que o padrão me dá o grau de excelência, mas não me permite encher a boca e afirmar sem margem de erro: eu amo!

Eu sei que o amor que devo votar ao próximo precisa conter o sentimento em alto grau do amor que tenho para comigo mesmo. Para isso o padrão foi claro.

Pois eu tenho pensado que amo o próximo como a mim mesmo e o tenho amado nessa proporção, mas não o tenho convencido disso, uma vez que ele se indispõe comigo amiúde. Pode ser que não tenha compreendido o meu amor, mas se isso ocorresse uma ou duas vezes até seria admissível, mas ocorrer sempre? Tem alguma coisa errada aí e, por certo, deve ser a medida do meu amor.

Depois do amor do Cristo, a segunda medida de amor que poderíamos tomar como paradigma seria o amor de mãe. Sobre ele têm-se desenvolvido os maiores e mais expressivos pensamentos; a mãe corresponde, com certeza, ao padrão mais avançado de que dispomos na Terra, depois do paradigma.

Ocorre que o amor de mãe, apesar de toda a sua grandeza, não tem sido suficiente para que você e o próximo possam se harmonizar, exatamente porque é ele um amor excelente do ponto de vista da prole, da família, mas não do mundo, onde a família deve amar a outra família.

Pode-se dizer que o amor de mãe é o amor da segurança, da proteção, do amparo e do apoio; neste aspecto, ele não se preocupa predominantemente com o justo, o bem e o belo. Se o filho corre perigo ou provoca perigo é a mesma coisa: o amor maternal o cobre de proteção, colocando-se contra as ameaças externas.

Sua justiça está em proteger o filho para que este possa se preparar da melhor forma possível para enfrentar e vencer o mundo. Se for necessário, a mãe se dispõe a vencer o mundo por ele. A beleza do amor maternal está na dedicação e no sacrifício com que se imola pelo filho. Nisto é inigualável!

Mas quando se trata do próximo as coisas assumem outra disposição e podem não se concretizar de modo justo, sem que isto modifique a vontade da mãe de continuar amando. Assim, o amor de mãe continua sendo grandioso, mas não é excelente, como o é o amor do Cristo, o paradigma. Sendo-lhe inferior, é ao mesmo tempo incapaz de resolver o problema que estamos tentando solucionar.

Pois bem, precisamos voltar ao amor ao próximo. Essa palavra - "próximo" - condensa uma série de outras, tão importantes quanto. Veja que ao dizer para "amar o próximo" o paradigma está deixando claro que o próximo não pode ser distinguido, de modo a que escolhêssemos quem deveria ser o nosso próximo.

Todos o são!

Ora, nesse *todos* estão os seres que habitam o planeta. Trocando em miúdo: próximos são os amigos e os inimigos, os irmãos de sangue e os desconhecidos, os simpáticos e os antipáticos, os alto-astral e os baixo-astral, os que caminham ao nosso lado e os que estão distantes, e assim por diante.

Com isto, fica claro um outro grau: o grau de dificuldade de amar. Se o grau de pureza do amor já é um desafio enorme a ser vencido, precisamos conviver também com a dificuldade de amar.

Na verdade, já convivemos com ele, mas não o detalhamos tanto no passado. E porque precisamos enfrentar a reforma íntima, devemos encará-lo sem temor ou ilusões.

O próximo é aquele que, muitas vezes, é nosso amigo. Apenas nosso amigo. Nada mais que nosso amigo. O que significa isso? Simples: que eu estou disposto a fazer alguma coisa por ele, mas... sem exageros!

Entretanto, não posso negar que gostaria que ele fizesse por mim o máximo, o impossível até. Nesse caso, dar-me-ia ele uma prova de grande amor e uma razão definitiva para que eu fizesse, a partir daí, o mesmo por ele.

Ora, mas isso não é amar o próximo como a si mesmo. É somente esperar que o próximo "me ame" como a ele mesmo. Houve, portanto, uma inversão, baseada nesse negócio que se chama interesse. O amor verdadeiro não é o que vem de lá, mas o que vai daqui.

O paradigma afirmou: "amar o próximo como a si mesmo". Não disse: "o próximo me amar como a ele mesmo". Então, essa inversão revela uma pobreza no amor que estou disposto a dar, especialmente porque o que eu espero do outro não tem medidas nem limites, quer dizer, o outro deverá me amar até esvair-se, até imolar-se, e ainda assim eu lamentarei que tenha morrido, porque, com a morte, eu lamentarei a perda do seu afeto, da sua dedicação.

Pensarei, portanto, que fui prejudicado e, indiretamente, que Deus poderia ter sido melhor comigo...

Como ser humano que sou, carrego todos os ingredientes do amor, pois desenvolvi o senso crítico e disponho dos instintos que me levam a me proteger com a máxima segurança possível. Tudo o que faço por mim se resume no fato de que, melhor do que ninguém, eu me amo.

Tudo o que desejo é ser feliz e a minha felicidade se divide em segurança, convivência com o outro, aquele que me pode oferecer afeto, carinho, atenção e tantas outras coisas que todos conhecem muito bem.

Tudo isso é amor.

Tenho, pois, em mim, a medida ideal do amor que me serve e me basta. Quando desejo receber do outro o seu amor, tomo por base esta medida que possuo, pois ela é perfeita, completa e justa.

Pois bem, que amor devo dar ao próximo? Esse amor cuja medida conheço. Neste caso, o paradigma é incisivo: "amar o próximo como a si mesmo". Já que eu sei quanto de amor preciso, sei, implicitamente, quanto de amor devo oferecer ao outro.

Mas o outro é extremamente complicado, porque é ele o desconhecido, de quem não sei se serei bem compreendido; pior, é ele muitas vezes o desafeto, contra o qual trago mágoas, algumas muito profundas; tudo isso se traduz em barreiras para o amor que devo oferecer ao próximo. Mas o paradigma não se preocupou com as barreiras e nem deveria preocupar-se, afinal, esse problema é nosso.

O dele, ele o resolveu admiravelmente, porque, ao dizer que era preciso amar o próximo ele dava, ao mesmo tempo, a medida da felicidade. Consequência: toda alegria, toda satisfação será sempre passageira; as únicas definitivas advêm do amor ao próximo. Mágoas, ilusões, sonhos impossíveis, desafetos, tudo isso é ao mesmo tempo razão para amar o próximo, mas, também, impedimento para a sua própria realização.

Um poeta, um dia, meditando nessa máxima do Cristo e percebendo em sua alma que o Mestre chegara ao máximo, reproduziu mal-que-mal no papel aquilo que estava sentindo, de modo que ficou mais ou menos assim:

> *Dá de ti para os homens. Não somente o paletó*
> *que não usas, a calça que não vestes, o sapato*
> *que não te serve. Darás tudo: o carinho, a ternura*
> *e o coração. Darás sem refletir, de modo que não*
> *te digam obrigado e não te devam obrigação.*
> *Darás tudo: o carinho, a ternura e o coração.*
> *E com que espanto notarás um dia, que viveste*
> *fazendo economia de carinho, de ternura e de coração.*

Estamos, pois, no caminho de uma grande conquista. Precisamos nos apropriar de algo concreto. Repetindo a pergunta: terá o espiritismo alguma coisa que nos possa garantir o controle de nossas ações? A consciência? Não, não falamos dela, ainda, nem de como ela se constrói.

Queremos algo objetivo, palpável, que possamos tomar para estabelecer o padrão e, depois, utilizar com segurança no nosso dia a dia. Queremos alguma coisa, inclusive, que favoreça o domínio de nossa consciência, para que ela, enfim, possa ser grande condutor dos nossos passos. Terá o espiritismo isso?

Sim, podemos dizer que tem. E é o que veremos a seguir.

03

A CHAVE DO ESPIRITISMO

Espírito, pensamento e energia:
três elementos que a tudo
explicam e a tudo permitem
entender eficientemente.

Há muitos caminhos que levam a um mesmo objetivo. Cada pessoa escolhe aquele que lhe é mais conveniente e que melhor se adapta à sua personalidade. Alguns gostariam de experimentar um caminho que tenha sido escolhido por outrem, com sucesso? Aqui vai uma sugestão.

Você poderá iniciar a sua trajetória da reforma íntima através de uma trilha que principie pela facilidade de entender o espiritismo. Isto mesmo, o entendimento dos objetivos do espiritismo e o estudo que leve à "porta de entrada" com certeza lhe trarão muitas ideias e soluções. Vamos lá?

Toda doutrina tem alguns pontos básicos, que devem ser descobertos em primeiro lugar por aqueles que desejam conhecê-la. O espiritismo não é diferente. Você viu atrás que a evolução do ser humano é o principal objetivo do espiritismo; viu, também, que para realizá-la você precisa levar em consideração a necessidade de aprimorar o conhecimento e de aperfeiçoar-se moralmente.

Estes dois aspectos: aperfeiçoamento moral e aquisição de conhecimentos significam, portanto, meios para a evolução. Como, aqui, nos interessaremos mais de perto pelo aperfeiçoamento moral, sem deixar, contudo, totalmente de lado o conhecimento como valor importante, dirigiremos nossa atenção para as questões diretamente ligadas à moral.

ESPÍRITO, SER QUASE DESCONHECIDO

Para isso, convido-o a fazer uma ligeira parada e perguntar: quem sou eu? Muitas respostas lhe virão à mente, mas aquela que lhe importa neste momento é: você é um *espírito!*

Eis aí o primeiro ponto da chave do espiritismo. Você é um espírito e como tal possui diversas características, algumas das quais vale a pena comentar. Por exemplo, você é um espírito *imortal*, ou seja, um ser que não terá fim e não pode, portanto, ser destruído; é, também, uma *individualidade*, ou seja, ao deixar a vida na Terra você mantém a sua personalidade e leva consigo o resultado das suas experiências.

Quando encarnado você dispõe de um corpo físico para se manifestar; fora dele, você dispõe de um corpo espiritual, que o espiritismo denomina "perispírito". Diante disso, você compreende que é um espírito utilizando sempre um corpo material para se manifestar: ou está de posse do corpo físico, para viver na Terra como encarnado, ou está de posse do corpo espiritual, com o qual fica invisível aos seres que habitam a Terra, mas em perfeitas condições de viver as experiências do mundo espiritual.

É interessante perceber uma sutileza nessa questão do espírito. Você, como ser humano, foi educado para acreditar que possui uma alma. Ou então para não acreditar nela, a alma. No primeiro caso, você é um espiritualista, pois a crença na existência da alma no ser humano é o que define o espiritualista. No segundo caso, você é um materialista, haja vista para o fato de que todo materialista tem um ponto em comum: não acreditar na existência da alma.

Pois bem, como espiritualista você se acostumou a dizer: eu tenho alma e todo ser humano tem alma. Isso seria o mesmo que afirmar: eu sou um corpo que possui uma alma. Certo? Errado! Nem é você um corpo, nem possui alma. Você é, de fato, um espírito

(= a alma) que possui um corpo, e não o inverso, um corpo que possui alma.

Isso lhe parece banal?

Observe, no entanto, que se trata de uma sutileza deveras importante, porque é eminentemente cultural. Quando dizemos que é cultural, afirmamos que você aprendeu a pensar assim e o faz de modo quase automático, sem reflexão: eu tenho alma.

Mas, veja só, ao afirmar que possui alma você está dizendo que é um corpo e que a alma pertence a esse corpo; pelo contrário, quando você se conscientiza de que é um espírito que possui um corpo, está dizendo que o corpo lhe pertence e não o espírito ao corpo.

Assim, as questões se alteram profundamente. Como espírito, você comanda o corpo, ordena-lhe a função da vida, decide as ações. Com isso, muitas coisas passam a ter valor diferente. Veja, por exemplo, aquela afirmação popular que diz: "a carne é fraca". Ela contém uma contradição fundamental, ou seja, pretende justificar os desequilíbrios da criatura em questões diversas como sexo, gula etc.

Está ela, pois, ligada a essa expressão de que o corpo possui uma alma e sendo ele, corpo (= carne) fraco, a alma lhe submete. Ao se inverter a questão, chegaremos a resultado diferente e também inverso: "o espírito é fraco", logo se submete aos imperativos do corpo. Espírito fraco é também uma expressão relativa, afinal o espírito não se submete definitivamente a tudo o que o corpo ordena.

O corpo não possui ascensão total sobre o espírito, mas interage com este de forma a produzir as condições de experiência do cotidiano. As sensações do corpo são, antes de tudo, sensações do espírito. Estamos falando de dois elementos que se completam em termos de vida no planeta: corpo e espírito. Considerados de forma independente, isolada, eles ficam ininteligíveis; considerados de forma integrada, eles se mostram necessários um ao outro.

O corpo tem sua realidade genética e a ciência tenta dominá-la para melhorar a própria vida; o espírito tem sua verdade enquanto ser inteligente que precede ao corpo, embora a mesma ciência não lhe atribua uma existência real.

Enquanto realidade genética, o corpo traça limites ao espírito; enquanto inteligência, o espírito procura dominar o corpo. O resultado disso é a vida que se desdobra nas ações diárias sociointerativas.

O corpo, portanto, reflete os desejos do espírito, mas não só os desejos, como também tudo o que interessa ao espírito. E como numa relação qualquer sempre existe a via de mão dupla, aquilo que o espírito envia ao corpo retorna a ele, espírito, de tal maneira que se pode afirmar com toda convicção: o espírito influencia o corpo e este ao espírito. É o que o espiritismo diz com clareza mediana. Portanto, o moral do espírito está sempre sofrendo as influências do corpo, numa espécie de roda viva.

Para deter essa roda é preciso a ação do espírito e aí entra o elemento vontade. A direção do corpo só poderá ser assumida se entrar em ação a determinação do espírito e o poder de sua vontade. Se ele se mostra frágil, o corpo tende a assumir o controle, não no sentido inteligente, estamos certos, mas no sentido de levar o espírito a viver nos seus limites - os limites do corpo.

Ao assumir as rédeas da vida, o espírito busca superar suas deficiências e passa a comandar o corpo, determinando-lhe as ações. Como o corpo em si não é sede de nenhum desejo e não possui por si mesmo força, submete-se naturalmente às ordens do espírito. Perceba que o espírito passa de dominado a dominador, mas, antes, precisou alterar seus sentimentos e desejos, para só então deter o corpo.

Essa visão modifica completamente a anterior, do corpo que possui alma. O espírito se serve do corpo para realizar sua experiência na Terra. Ele precisa disso, não pode progredir sem essas experiências. Se não for no planeta Terra, será em outro.

Esse dado é também importante. A experiência através dos renascimentos na Terra leva o espírito a progredir de tal sorte que vai capacitando-se a entender a natureza, o universo em que está inserido e, com isso, a candidatar-se a atividades cada vez mais criadoras e, portanto, felizes.

O campo de atuação do espírito é a matéria. Reencarnado na Terra, coloca-se em condições de aprender e realizar, numa sequência nem sempre perfeita, mas permanente. Justifica-se aí a teoria de que o espiritismo é uma doutrina que mostra a realidade do mundo ao espírito encarnado, facilitando sua inserção nesse mundo e, portanto, o seu progresso.

Vê-se, desde já, que o espírito renasce no corpo físico para desenvolver experiências importantes ao seu progresso; é, pois, um ser voltado para o mundo, que precisa do mundo e não pode ser retirado desse contexto a pretexto de uma felicidade que não diz respeito ao mundo.

As religiões antigas praticavam esse erro: pretendiam apartar o ser do mundo, sob a ideia dominante de que o mundo o corrompe. O espiritismo valoriza a atuação do ser no social, mostrando-lhe a importância de bem viver a experiência na Terra, por ser daí que ele retira parte dos elementos que dão sentido à sua existência.

A ideia de salvação, portanto, não se coaduna com a lógica do espiritismo. Por mais que haja fatores negativos na sociedade e por mais que as virtudes tenham dificuldades de brotar no ambiente terreno, é aí que o espírito reencarnado deve agir, atuar.

VAMOS PENSAR O PENSAMENTO

Vimos, portanto, que o espírito é o primeiro item da chave do espiritismo. Muito haveria ainda para comentar sobre ele, mas isso fica para outra ocasião. Vamos, agora, para o segundo item: o *pensamento*.

Entre os atributos que o espírito possui, o pensamento se destaca.

> *Todo espírito pensa. Se Descartes dizia: "penso, logo existo", podemos parodiá-lo e dizer: "sou espírito, logo, penso!"*

Exatamente porque o pensamento pertence ao espírito e é seu instrumento de atuação e de comunicação com o mundo. Entre nós, encarnados, a linguagem verbal também surge como instrumento de comunicação, mas pode ser considerada em segundo plano; antes de falar subentende-se que a pessoa pensa. E de fato o faz.

Mesmo quando se afirma: "fulano fala sem pensar" há, por trás da ação de falar o comando do pensamento. Ocorre aí de certos indivíduos não terem prudência ou serenidade antes de se pronunciarem, o que os leva a ser classificados como indivíduos que falam sem pensar.

O pensamento é ferramenta comunicativa por excelência. É com ele que o espírito cria. Pode-se dizer com absoluta segurança que tudo o que há de material resulta da atividade do espírito, através da ação do pensamento.

Já o disseram os espíritos na obra primeira da codificação: há três elementos básicos no Universo: Deus, espírito e matéria.[1] De que o espírito é feito não sabemos, mas conhecemos outros elementos, como a matéria, e sabemos que o espírito não é matéria, seja no seu estado de energia mais pura, seja na sua forma mais densa. O pensamento é o seu mais poderoso atributo, com o qual se comunica e participa criativamente da vida no Universo.

Ao tocar nesse assunto, é preciso fixar a ideia de um espírito inserido num contexto amplo, de um universo também amplo, sem limites visíveis.

---

1 Veja *O Livro dos Espíritos*, de Allan Kardec

Estamos falando de um espírito que tem no ato de pensar a capacidade de criar, independentemente de onde esteja, do espaço que ocupa contingencialmente. Mas estamos falando também de um espírito que fala pelo pensamento, que se comunica com outros indivíduos inteligentes, em um processo comunicativo que, na Terra, está circunscrito às condições materiais do planeta e, fora do corpo físico, a condições diferentes e, portanto, sob limitações outras.

ENERGIA, O TERCEIRO ELEMENTO

O terceiro item, que completa a tríade da chave do espiritismo, é a *energia*. A partir de agora nós vamos ver a ação dos três elementos juntos: o espírito, o pensamento e a matéria. Além disso, veremos como essa ação explica e clareia as dúvidas da vida, da reforma íntima, do amor e dos demais sentimentos.

A informação do espiritismo é que a energia (ou os fluidos), em seu estado natural, de pureza absoluta, não possui qualidades, ou seja, não é pesada ou leve, boa ou ruim, agradável ou desagradável etc.

Diz-se que a energia pura não tem qualidade. O que isso pode significar e o que pretendemos ao trazer esta afirmação para o estudo?

Bem, não está em análise o conceito científico de energia, mas uma questão de ordem moral, ou seja o uso da energia pelo pensamento e as possíveis consequências desse uso, sempre partindo de um posicionamento doutrinário-espírita.

Tenha por certo que algumas afirmações acabam caindo em conceitos científicos, que poderão ou não ser aceitos. Filosoficamente, porém, o espiritismo faz afirmações que pretendem ser lógicas, que guardam uma certa coerência doutrinária e é neste terreno que nós entramos. Assim, por exemplo, a de que toda ação do pensamento desencadeia uma corrente de energia correlacionada à qualidade daquele pensamento.

Pois bem, se dizemos que a energia pura não possui qualidades, queremos afirmar que ela as adquire em algum momento e de alguma forma e é aí que o ato de pensar entra.

É isto mesmo, ao pensar, você dota a energia das qualidades inerentes ao seu pensamento, e isto é mais fácil de entender. Todos, indistintamente, temos preferências, opções, ou seguimos tendências sociais em relação à vida e às relações com os outros seres.

Qualificamos, portanto, nossos desejos conforme as intenções que manifestamos e a direção que tomamos. Pensamos positivamente ou de modo negativo. Essa ação do pensamento determina a qualidade da energia na qual estamos inseridos e modulamos, dando-lhe força, direção e extensão, para que tenham as consequências que nos interessam.

É sobre isso que vamos refletir, aqui, rapidamente.

Não é demais lembrar que o fato pode ser de algum modo constatado, aliás, como já o foi por estudiosos. Como disse anteriormente, não temos muita opção em falar apenas das consequências morais sem uma contraparte científica das provas.

Uma pessoa dotada de um certo grau de clarividência poderá perceber que você está pensando e até denunciar este pensamento. Mas, isto é uma ocorrência rara, ou seja, não rotineira. Normalmente, ninguém sabe de fato no que você pensa. Estamos falando em nível de encarnados, de indivíduos no corpo físico, e neste nível o pensamento fica oculto, seja porque o corpo físico se traduz em barreira para os sentidos aprimorados do espírito, não lhe permitindo "ver" o que os seus semelhantes pensam, seja porque os pensamentos se materializam através de energias sutis, impossíveis de serem vistas a olho nu, segundo a literatura sobre o assunto.

Mas, você, tanto quanto eu, sabe perfeitamente no quê e como pensa. E sabe mais, qual é a qualidade daquilo em que você pensa. Podemos dissimular e isto sabemos fazer muito bem, a ponto de não deixar transparecer certos pensamentos para que não nos revelem naquilo que não desejamos. Entretanto, em sã consciência, não há como nos iludirmos quanto ao caráter daquilo em que pensamos: se é bom, é positivo; se é mal, é negativo.

Um pensamento de ternura será sempre um pensamento de ternura, da mesma maneira que um pensamento de ódio será sempre um pensamento de ódio.

Um fato importante a observar aqui é o seguinte: todo pensamento emitido age sobre a energia, transferindo-lhe a sua qualidade, o que resulta em podermos dizer: um pensamento de ternura produz energias agradáveis; um pensamento de ódio produz energias negativas, pesadas, propulsoras de males diversos.[2]

A questão é automática: pensou, dotou.

Ora, o ato de pensar é algo permanente em qualquer pessoa. Pensamos diariamente, ou melhor, diuturnamente, pois, inclusive, quando dormimos não deixamos de pensar, já que quem descansa normalmente é o corpo e não o espírito. E, neste aspecto, é bom deixar uma coisa clara: o padrão comum de pensamento do ser no atual estágio de evolução da

---

2 Leia, a este respeito, meu livro *Você e os espíritos*.

Terra mostra que oscilamos, como o pêndulo de um relógio, entre o bem e o mal, do positivo ao negativo, do certo ao errado, de modo que construímos um mundo bem próprio, bem particular de sentimentos.

No espaço que vai de um segundo a outro, podemos viajar do amor ao ódio, do ódio ao amor, numa gama ampla de sentimentos e, portanto, de energias equivalentes.

Vivemos inseridos num ambiente de energias.

> *Todos os espaços vazios são vazios apenas em aparência, já que se acham preenchidos por essa energia invisível, que você não vê, mas alcança com o pensamento, transformando-a muitas vezes em instrumento de seus desejos e criando com ela o seu próprio ambiente, pelo qual é identificado.*

Nossa identidade não se resume ao nome e ao número da carteira de identidade; não somos apenas aquele que reside em tal endereço e tem uma história familiar registrada nos cartórios civis. Não somos unicamente o profissional, o marido, filho e esposo, ou o amigo que possui um grupo social definido e preferencial. Somos tudo isso e muito mais: somos também o espírito pensante que escolhe ou não o mundo energético em que vive, mundo este que é, no limite, parte importante da sociedade humana.

Sabe-se hoje que o pensamento se projeta em ondas que seguem em várias direções a determinada frequência, de modo a ficar ao alcance das pessoas que estejam sintonizadas na frequência estabelecida, da mesma maneira que o pensamento também pode ser alcançado por aqueles que o queiram conscientemente.

Ao acionar o pensamento, de imediato você se envolve com as energias que produz. Imerso nesse mundo cotidiano de energias, as alterações que elas sofrem o atingem de imediato: o sentimento de ternura por alguém pode resultar em energias salutares; o sentimento de ódio em energias desagradáveis; uma vontade intensa ao pensar aumenta potencialmente a energia, pois a vontade é o motor da ação. A qualidade das energias produzidas pelo pensamento se expressa por cores diversas; os pensamentos positivos assumem tonalidades leves, os negativos originam tons fortes e pesados.

Outra consequência do ato de pensar é esta: ao se projetar em diversas direções e com frequência determinada, o seu pensamento realiza um tipo de comunicação, isto é, faz contato com outras mentes cuja frequência seja semelhante. A este fato se aplica uma observação feita pelo espiritismo: você está em permanente contato com os espíritos; estes vivem à sua volta, influenciam o seu pensamento, e o fazem de maneira mais frequente do que possa você pensar. Ou seja, convivemos com os espíritos invisíveis diariamente, em nossas atividades profissionais, em nossos lares, nas ruas, no lazer e nos estudos escolares.

Em vista disso, permutamos pensamentos, com suas qualidades reais, o que implica dizer que formamos nossas companhias conforme sejam os nossos desejos. Os pensamentos positivos, além de criarem energias salutares, se comunicam com pessoas de semelhante procedimento mental; os pensamentos negativos produzem o inverso.

> *Assim, o dito popular – "diga-me com quem andas e te direi quem és" – pode ser adaptado com alta dose de eficiência da seguinte maneira: "diga-me o que pensas e eu te direi com quem andas".*

Nessa convivência diária, produzimos energias positivas, que constroem situações agradáveis, psicológica e fisicamente; também produzimos energias ruins, que podem alcançar o estágio de doença psicológica e física. Já a medicina trabalha hoje com a certeza de que muitas doenças têm sua causa emocional. Embora não tenha constatado as realidades do espírito, está bem próxima de o encontrar.

ENCONTRANDO SOLUÇÕES

Podemos, agora, chegar à resposta que buscamos. Perguntamos, inicialmente, o que possui o espiritismo capaz de garantir a você estar no processo correto de reforma íntima?

> *Pois bem, aí está a chave:*
> *espírito, pensamento e energia.*

Com esses três elementos, você não só consegue explicações para a sua realidade emocional, como, também para a qualidade do seu sentimento, de modo que não irá mais se confundir. Há situações especiais, que fogem a esse modelo? Há, mas não invalidam em absoluto o modelo. Há, por exemplo, questões que só serão explicadas com a reencarnação; outras precisarão da aplicação dos conceitos de mediunidade e assim por diante. Claro está, porém, que estes três elementos são uma verdadeira chave, capaz de abrir as portas para a realidade da vida em seus dois aspectos: o visível e o invisível. Ao perguntar: – Estou eu fazendo a reforma íntima? – você terá oportunidade de analisar a qualidade dos seus pensamentos e constatar, de fato, o rumo deles. Não há como se enganar aí. Esta é uma característica do espiritismo, que o diferencia de outras doutrinas cujo propósito é o crescimento do ser humano. É ele muito claro em suas informações, mas a percepção dessa clareza depende de que se encontre o fio que liga todas as suas partes.

Analisando os seus pensamentos, você, com certeza, saberá discernir sobre as importantes questões emocionais como perdão, caridade, amor, as virtudes, enfim, uma vez que elas estão presentes em maior ou menor intensidade no ato de pensar.

Ao perguntar a si mesmo se de fato ama alguém, poderá analisar os seus pensamentos e, melhor do que qualquer outra pessoa, inferir da sua qualidade. Sempre que surgir qualquer dúvida, por mínima que seja, sobre a qualidade dos sentimentos a análise do pensamento poderá lhe fornecer respostas seguras.

O assunto é longo, quase inesgotável.

Quem ama, constrói; o pensamento é o ponto de partida para a construção de um mundo melhor. Por isso, é também o instrumento eficaz de concretização da felicidade individual, aquela felicidade que o poeta dizia que está "onde nós a pomos", sendo que, agora, podemos colocá-la "onde nós estamos".

Mas, para conseguir alcançar esse objetivo é preciso analisar outros aspectos da vida social. É o que buscaremos fazer no próximo capítulo.

04

UMA CONVERSA SOBRE CULTURA

A aceitação e compreensão exatas de cada aspecto do espiritismo se vai dar paulatinamente, à medida em que as experiências vão acontecendo e reforçando a teoria.

"Creio porque sei", esta é a declaração de fé do espírita. Alguns se assustam com isso, outros não conseguem pensar sobre o assunto e outros mais têm imensas dificuldades em aceitar este tipo de fé. Ficam, mesmo, muito tempo discutindo a questão, às vezes com argumentos do tipo: "a fé tem algo que não se explica, que provém do sentimento". Algumas páginas de *O Evangelho segundo o Espiritismo,* mal entendidas, parecem confirmar isso. Vejamos um exemplo. José, espírito, que assinou uma mensagem naquele livro, diz o seguinte: "A fé, divina inspiração de Deus, desperta todos os sentimentos que conduzem o homem ao bem: é a base da regeneração. É, pois, necessário, que essa base seja forte e durável, pois, se a menor dúvida puder abalá-la, que será do edifício que construístes sobre ela? Erguei, portanto, esse edifício sobre alicerces inabaláveis. Que a vossa fé seja mais forte que os sofismas e as zombarias dos incrédulos, pois a fé que não desafia o ridículo dos homens não é verdadeira fé".[3]

De onde vem esse sentimento que impõe imensas dificuldades ao entendimento de conceitos novos, como é exemplo a fé racional? Por que alguns conseguem enfrentar a questão com tranquilidade e outros sequer passam por ela; às vezes, desviam-se, para não precisar discutir o assunto?

Convivo há anos com algumas pessoas muito interessantes nesse aspecto. Sempre tivemos pequenas e longas conversas sobre os mais variados temas espíritas, que elas de fato gostam. Algumas vezes, atravessamos a noite discutindo esses assuntos e procurando entender a vida espiritual, especialmente em sua conjugação com a vida material. De modo que, para mim, ficava claro que as dúvidas comuns estavam respondidas de maneira definitiva ao fim de longos diálogos. Mas, não era o que ocorria.

Quase sempre sou surpreendido por colocações e argumentos que, devo confessar, me deixam per-

---

3 Tradução de J. Herculano Pires, edição EME, Capivari-SP.

plexos. Não os argumentos e colocações, mas a existência deles. É aí que vejo o quão difícil é para alguns o entendimento do novo. Tinha eu certeza que as dúvidas haviam sido dissipadas com as respostas colhidas nos livros e discutidas amplamente, até não poder mais. Entretanto, acabava por descobrir, mais tarde, que se havia entre os amigos quem demonstrava estar esclarecido, isto não acontecia com a maioria. Aliás, mesmo estes que se mostravam satisfeitos com as discussões me deixavam em dúvida quanto ao seu entendimento real da questão.

Esses exemplos se repetiram inúmeras vezes nas palestras e seminários que levo a centros espíritas de várias partes do Brasil. Após estudar exaustivamente um assunto ou até mesmo um ponto importante de um tema, acreditava tê-lo pelo menos deixado claro em sua parte essencial, mas descobria logo depois o meu engano e, não posso negar, uma certa decepção comigo mesmo, decepção, aliás, que era maior quanto mais eu acreditava que o assunto era por si mesmo muito claro e lógico.

A conclusão a que cheguei, depois de bom tempo, foi de que não havia assunto por si mesmo claro para todos. E mais: as questões aparentemente mais fáceis eram, às vezes, as que maiores dificuldades de entendimento traziam para boa parte das pessoas.

Isso ocorria, também, com temas corriqueiros, isto é, constantes e comuns, óbvios, simples por sua natureza. Sempre havia parte das pessoas com grandes dificuldades de entendê-los e, não devo omitir, o entendimento não passava obrigatoriamente pelo nível intelectual de todas elas. É importante anotar isso, porque o despreparo intelectual poderia ser uma das respostas para a dificuldade do entendimento, mas ficara evidente em muitas ocasiões que criaturas de bom nível intelectual eram dotadas das mesmas dificuldades.

Ocasionalmente, pessoas de menor nível cultural demonstravam melhores condições de entendimento, mas isto não é a nossa preocupação aqui, pois pode ser explicado psicologicamente e do ponto de vista espiritual.

Certa vez estudamos a questão da fé racional por cerca de duas horas, em um centro espírita com mais ou menos 50 pessoas, entre elas trabalhadores e dirigentes. Os argumentos foram os conhecidos, entremeados por exemplos e um pouco de história sobre a fé dogmática, que pode ser vista como o antônimo perfeito da fé raciocinada. A frase de Kardec é muito clara: "A fé verdadeira é aquela que pode encarar a razão face a face, em todas as épocas da humanidade". O seu resumo mais perfeito é: "creio porque sei".

Assim, a fé espírita se dá em cima de fatos que podem ser compreendidos. Os "milagres" do Cristo, por exemplo, têm sua explicação lógica baseada no conhecimento da ação do pensamento e da manipulação de energias. É verdade que, com isso, perdem eles aquela aura mística que lhes foi colocada, tão ao sabor de muitos, e que os dispensavam da explicação científica.

Ao término da longa discussão, uma senhora, passista, de mais ou menos 60 anos, cabelos brancos e muita simpatia, deu o seguinte parecer:

"O moço falou muito bonito, mas eu acredito que a fé tem um componente de vontade, de desejo, de decisão que não é explicável, que nasce dentro da pessoa. Sempre que vou dar o passe eu peço ao Cristo que não deixe minha fé fraquejar, porque é ela que de fato cura".

A senhora, na verdade, não estava sozinha neste ponto de vista. Embora houvesse silêncio após sua manifestação, outros pensavam como ela e isso pôde ser visto posteriormente. Assim, a pergunta permanece! Será que a causa dessa dificuldade de compreensão reside na comunicação, ou seja, apesar dos meus esforços as pessoas não conseguiram decodificar a mensagem? Isto seria razoável se a incompreensão não fosse apenas de uma parte das pessoas.

Há que se levar em consideração que outros tiveram entendimento semelhante ao meu e reforçaram-no com argumentos e exemplos favoráveis. Há que se ver, também, que, no caso da fé raciocinada como de outros temas, boa parte dos interessados toma contato com o assunto nas obras básicas, onde a explicação é igual para todos, mas somente uma parte consegue alcançar a sua verdadeira clareza. Com isso, cai por terra o argumento da comunicação deficiente, pois esta deveria levar dificuldade de entendimento para a maioria das pessoas.

Deve-se considerar o seguinte: será que a causa disso não está na dispersão mental, isto é, as pessoas que não conseguem se concentrar num assunto têm maior dificuldade de entendê-lo? É razoável pensar nisso. Mas, não parece ser esta a explicação para os casos aqui mencionados, pois tratamos com pessoas que participam da discussão com grande interesse e, às vezes, dão excelente contribuição pessoal, as quais, ao fim de um certo tempo, demonstram ainda manter um ponto de vista contrário à lógica e ao bom-senso colocados, e até mesmo aos argumentos mais convincentes.

É bom considerar, ainda, que o entendimento varia segundo o tema, ou seja, há pessoas que conseguem demonstrar imediata compreensão de um assunto, eliminando assim as principais dúvidas que poderiam ser levantadas, mas, logo após, demonstram imensas dificuldades para com outros temas, de modo que se excluem por si mesmas de um grupo, mas se incluem em outro.

Em um mesmo ambiente, onde pude tratar de dois assuntos distintos, com tempo igual para discussão de cada um e o mesmo público, pude notar essa nuance interessante: as pessoas que não conseguiram aceitar e entender um assunto demonstraram facilidade para o outro e vice-versa.

É necessário anotar o seguinte: no espiritismo não lidamos com temas estanques, departamentalizados.

> *O espiritismo é um grande tema que se diversifica em dezenas de subtemas. Ou seja, o princípio, a linha que os liga é única e é necessário que ela esteja presente em qualquer tema para lhe dar clareza.*

Por que, então, essa linha mestra está presente em um assunto e desaparece em outros, fazendo com que as pessoas se alternem, demonstrando boa compreensão e aceitação de um, e encontrando imensas dificuldades para aceitar e entender outro?

Há situações extremamente curiosas, como a de um senhor, de origem árabe, que, durante anos, participou das atividades de um centro espírita, inclusive, exercendo funções mediúnicas. Apresentava uma situação especial, ou seja, vivia ao mesmo tempo a condição oposta de duas culturas: a espírita, que adotara, e a árabe, da qual não conseguia fugir, especialmente no que diz respeito às manifestações religiosas. Por exemplo, quando se via diante da morte em família, não conseguia aceitá-la com serenidade, bem como não podia furtar-se à prática das homenagens naturais que os seus conterrâneos prestam ao morto. Em outras circunstâncias, via-se tangido a sempre estar presente às reuniões religiosas da sua comunidade, prestava naturalmente o culto diário e, não obstante, podia ser visto no centro espírita, ativo, em diversas reuniões.

Ainda com relação à morte, certa ocasião manifestou-nos seu profundo descontentamento para com Deus, que, segundo ele, teimava em não levar em consideração a sua extrema dedicação à causa espírita. Tudo porque passava ele por mais uma profunda dor familiar, diante de um irmão acometido de uma doença perversa e que estava desenganado pelos médicos.

É bom reproduzir o seu desabafo. Falou-me assim: – "Deus não está sendo bom comigo. Já perdi mãe, pai, tios, irmãos e agora mais esta situação. Não, absolutamente, não posso compreender isso! Sei que estou errado, mas acho que Deus poderia levar em consideração tudo o que tenho feito esses anos todos, livrando meus familiares de tanto sofrimento".

A questão da morte é ainda uma das que mais dificuldades apresentam para plena aceitação, segundo o conhecimento espírita. Os anos, porém, costumam resolver para as pessoas aquilo que os momentos de sofrimento não conseguem. Neste caso, porém, nem o tempo houvera sido feliz, uma vez que tanto a morte e as doenças, como a própria ideia de Deus estavam em choque no coração daquele senhor. Sua amargura em relação à situação do irmão revelava, acima de tudo, que o convívio com o espiritismo e as práticas mediúnicas não houvera sido suficiente para levá-lo à ideia de um Deus com substância diferente da cultura na qual foi educado.

Retornamos, mais uma vez, à pergunta inicial: por que isto acontece? De que se nutrem as pessoas para apresentar tão grande dificuldade em apreender certos conhecimentos, lógicos, para os quais chegam até a se abrirem, passando longo tempo em convivência com pessoas outras que alimentam as mesmas ideias, exercitando práticas próprias desses conhecimentos e, ainda assim, revelando com surpresa que tudo aquilo não foi suficiente para levá-las à compreensão dos referidos conhecimentos?

Alguns, mais simplistas, tomam de *O Evangelho segundo o Espiritismo* e apontam para o orgulho, como elemento básico a dificultar a estas pessoas o entendimento de tais questões. Isto, porque, alguns espíritos falam do orgulho como um dos principais aspectos negativos a serem eliminados da personalidade. Tomada no geral, a questão do orgulho tem sua aplicação, mas no particular, a compreensão impõe analisar o contexto cultural também.

Ora, é mais aceitável a barreira do orgulho naqueles que se colocam contra as ideias novas, no seu aspecto geral, e se tornam inimigos dela, como existem exemplos claros e numerosos. Não nos que, por vontade própria e convencimento efetivo do valor dessas novas ideias, aderem a elas e as passam a divulgar e praticar, na esperança de também convencer amigos, familiares e outros para a sua importância. Em casos dessa natureza, que são os que nos interessam aqui, deve haver outro motivo mais relevante.

É verdade que há pessoas - familiares, quase sempre - que passam a frequentar o ambiente espírita muito mais para estar próximos do ser que amam do que propriamente por desejarem integrar o quadro dos adeptos. Mas essas são poucas e não podem ser relacionadas entre os que formam o grande contingente dos que não conseguem compreender com clareza determinados temas. E que quase sempre não se dão conta disso.

Afastados, portanto, os elementos apontados sobra-nos a questão cultural. Como entendê-la, que importância devemos atribuir a ela? Vejamos alguns aspectos importantes.

De imediato, uma constatação: todo indivíduo ao renascer traz consigo aquilo que podemos denominar de "bagagem cultural", ou seja, as vidas passadas se constituíram de experiências que se fixaram na sua memória. Ao reencarnar, as experiências vão influir de algum modo e se somar às novas experiências. É verdade que das vidas anteriores você não possui lembrança, domínio objetivo, clareza, mas isso não significa que as experiências acumuladas no passado não aflorem nesta vida. Todo conhecimento introjetado terá alguma importância no processo novo de vida que se desenvolve, dele participando com maior ou menor presença.

> *A facilidade no aprendizado, os fatos que vão permitir a construção da consciência, a noção intuitiva das coisas, tudo isso pode ser resultado da experiência acumulada em outras vidas, ressurgindo na medida da repetição de experiências similares.*

As situações novas, o contexto diferente justifica a reexperimentação e no limite processa a evolução. Quando a bagagem cultural de outras existências não contém o referencial, quando a nova experiência não foi vivida ou não foi registrada, o indivíduo não tem como servir-se dela como facilitadora da nova situação. As dificuldades, portanto, se apresentam em grau diferente.

Às experiências do passado devemos acrescentar as do presente. Ao reencarnar, o espírito começa uma nova experiência e vai, desde cedo, pela educação e pela vida de relação, desenvolvendo-se socioculturalmente, somando à bagagem retida na sua memória espiritual os novos valores.

Sabe-se, portanto, que a bagagem cultural é de fato a soma dos valores acumulados, nesta e noutra vida. Dessa forma, podemos ver o indivíduo vivendo, sempre, um choque de valores: os que ele acumulou e os que se apresentam como novos. Este choque é muito mais frequente do que se imagina e costuma se mostrar intenso quando o indivíduo se vê diante de valores que contrastam com aqueles que já possui. São os conflitos.

Viver conflitivamente não é viver numa relação de violência, mas ao contato com necessidades e contextos diversos, onde os choques se multiplicam na proporção das experiências a serem concretizadas.

É da essência da vida, especialmente no plano evolutivo em que nos situamos, o embate entre os valores, porque cada existência deve melhorar a criatura, seja no plano do sentimento, seja no plano do intelecto. E onde esse embate costuma ser mais acirrado? Ali, exatamente onde o indivíduo acumulou mais experiências e está de certa forma satisfeito com os seus valores, porque esses costumam oferecer segurança para suas necessidades diárias. Experiências muito repetidas e profundamente assimiladas são as que mais dificuldades apresentam para ser reprocessadas. O dia a dia é por si só problemático. Se às necessidades imediatas de sobrevivência se sobrepõem novas experiências que tendem a modificar a base de sustentação do indivíduo, determinando novas decisões, o conflito se apresenta na forma de desequilíbrio momentâneo.

Como resolver um problema para o qual não se conhece a solução? Como modificar um valor, se este valor é que nos oferece a sustentação da vida comum?

Cada indivíduo possui sua própria realidade cultural; uns acumulam mais experiências em determinado setor, outros em outro. De modo que aquilo que para uns é mais fácil e rápido, para outros é mais dificultoso e demorado.

Vamos ao campo dos exemplos práticos, a fim de tornar a questão mais clara. Antes, expliquemos que o espiritismo, por sua natureza de doutrina filosófico-científica de consequências morais, está muito próximo do campo religioso e é tido mesmo como uma religião por grande parcela da sociedade. Questão controvertida, essa. Mas ser ou não ser religião já não constitui ponto central de discussão, desde que se compreenda que ao ser tomado por religião não deve sê-lo no sentido comum das religiões.

É aí, contudo, que muitos costumam se enganar, ou seja, os valores religiosos do espiritismo diferem fundamentalmente dos valores oferecidos por outras religiões, principalmente aquelas classificadas como religiões dogmáticas, cujos preceitos encerram uma ordem e não permitem discussão. E diferente muito mais do que à primeira vista se supõe.

Pois bem, há um embate interior, cultural em todos aqueles que, por qualquer motivo, passam a frequentar o ambiente espírita e se tornam adeptos. Trata-se de um embate de valores, que se dá no campo do subconsciente e do consciente, não sendo, porém, fácil de ser compreendido no seu aspecto invisível do subconsciente.

Por isso, muitos não se dão conta desse embate. Quando o indivíduo se inicia na doutrina, o primeiro momento costuma ser de grande entusiasmo, podendo, aí, apresentar também grandes ilusões. Todo aquele que se dispõe seriamente à assimilação dos valores morais espíritas passa do momento do entusiasmo exagerado para o da prudência diante da compreensão dos novos conhecimentos.

Aqueles que se deixam permanecer por muito tempo no plano do entusiasmo ou que não se despertam para a realidade nova que se apresenta, como exigência de reflexões permanentes entre os valores culturais presentes e os novos, podem ser facilmente levados a enganos.

Aqueles que vão em frente podem, como é comum, entrar na fase mais quente do embate conflitual, na qual se verão diante da necessidade de substituir os valores culturais por outros, sobre os quais não possui domínio, não desenvolveu experiências práticas e não tem, portanto, segurança psicológica.

Eis aí outro momento muito curioso e difícil que, de forma geral, exige longo tempo e muita perseverança para ser bem-sucedido nele, porque nenhuma substituição de valores acontece de repente, num passe de mágica, ou como se costuma dizer, da noite para o dia.

Aliás, Kardec anteviu isso com grande discernimento e ofereceu a fórmula:

> *Reconhece-se o verdadeiro espírita pela sua transformação moral e pelos esforços que faz para dominar suas más inclinações.*

Veja bem, ele não fala em espírita pronto, perfeito, acabado, nem diz quando isto vai acontecer. Enfatiza que todo aquele que luta pelo progresso sociomoral, que se esforça por dominar as tendências negativas é um verdadeiro espírita. Por quê? Simplesmente porque sabe que a transformação moral se dá no campo da luta íntima, em que os sentimentos e o intelecto (sujeitos à bagagem cultural) representados por seus valores, entram em disputa com os valores novos.

Os valores presentes podem ser, inicialmente, mais fortes que os novos, o que implica dizer que, consciente ou inconscientemente, vão se opor à possibilidade de perda de poder. Substituir algo que aparentemente deu certo por aquilo que é duvidoso não é de fácil decisão. Quanto mais enraizados estiverem os valores antigos, mais se imporão. Trata-se de uma luta quase inglória, é verdade, pois deve se estender para além da vida atual, pois uma reforma desse gênero não parece ser possível em apenas alguns anos. Uma vida só é, com certeza, muito pouco para qualquer sucesso aí.

Vamos, agora, às questões práticas.

Um indivíduo determinado a realizar sua reforma íntima, o que implica conhecer cada vez melhor a si mesmo, vai verificar o seguinte:

> *A compreensão de cada aspecto do espiritismo ocorre paulatinamente, à medida que as experiências se sucedem e confirmam a teoria. Somente aquele que desenvolver experiências suficientes poderá conceber-se de posse de uma consciência da questão.*

A princípio, a luta de valores vai colocar em confronto o que se tem com o que se deseja ter. Um indivíduo católico, por exemplo, proveniente de profundas experiências em relação à dogmática de seu culto, ao se dispor a assimilar o espiritismo verá estabelecer-se a luta entre o que o espiritismo aponta em relação àqueles valores e os seus próprios. Mas, logo de início, o indivíduo poderá ser levado a um engano: o de julgar que há pouca ou quase nenhuma diferença entre uma coisa e outra. É o que tem acontecido algumas vezes. Porque há de fato coisas na teoria e na prática espírita que aparentemente se assemelham à cultura católica e essa semelhança pode induzir à sensação de que não há muito a alterar aí, em termos de valores. Trata-se de uma aparência enganosa, como veremos.

Um católico praticante é aquele que traz consigo experiências em relação à missa (culto), ao santo protetor, ao conceito de céu como um espaço indefinido onde só os bons habitarão, a comunhão (hóstia) em seu sentido de alimento de Cristo (simbólico), à convivência com santos de várias espécies, ao também simbolismo da água benta nas práticas do crisma e do batismo, ao conceito de inferno como lugar de sofrimentos eternos, à ideia de seres maus combatendo contra Deus (demônios), à ideia do anjo da guarda, que tudo pode, ao sentimento de que os erros (pecados) podem ser perdoados por alguém "nomeado" por Deus (padre), aquele mesmo que pode "ligar e desligar na Terra" quase tudo, sendo-lhe permitido até "encomendar" as almas a Deus, enfim, toda sorte de práticas e teorias que poderiam ser resumidas naquela fé inexplicável, indiscutível, que o adepto deve cultivar, mas não pode dela duvidar nem sobre ela tergiversar.

Ora, o momento inicial do indivíduo no espiritismo pode levá-lo a conclusões simplistas e, portanto, equivocadas, em relação ao que é aparentemente igual, mas diferente na essência.

Assim, para o céu católico o espiritismo teria o "Nosso Lar" e colônias semelhantes; para a missa a sessão pública, para a hóstia o passe, para os santos os espíritos superiores, para a água benta a água fluida, para o inferno o umbral, para os demônios os obsessores, para o anjo da guarda o espírito protetor, para o padre o dirigente ou expositor (em alguns lugares, ainda, o médium) e para a fé dogmática a fé espírita. E daí por diante.

Ora, a verdade é, de fato, bem outra. À aparente semelhança se contrapõe uma profunda diferença que, para ser compreendida exige estudo, mas, também, conveniente disposição para o bom-senso, a fim de perceber que os valores que compõem a bagagem cultural pessoal estão em luta para não cederem espaço e, se puderem acomodar os novos sem prejuízos, o farão, porque é da essência do ser a economia de esforços. Tudo o que pudermos fazer para nos melhorar sem maiores traumas e sem grandes sacrifícios, não ha dúvida que faremos.

O bom-senso, contudo, revela que há um engano grande em imaginar que os valores novos poderão conviver com os antigos e, ainda assim, produzir seus resultados melhores. É absolutamente impossível, porque essa convivência se torna promíscua e, portanto, imoral.

Porque a questão não é mais de crença, como antes; é de uma compreensão que vai construir a experiência e sustentar nas novas experiências. A crença de que o indivíduo iria para o céu, na convicção antiga, e agora, apenas muda de nome, passando a chamar-se Nosso Lar é um grande equívoco. A questão é mais profunda, porque o céu anterior está eivado de injustiça e é enganosamente admitido como passível de ser conquistado por interferência de outrem.

O Nosso Lar é mais do que o céu da tradição católica; trata-se de um espaço social cujos contornos foram descritos por André Luiz sob a noção de vida social inerente ao planeta em que vivemos. Indivíduos vão para lá sob determinadas condições e lá se fixam em núcleos familiares, com responsabilidades coletivas. Todo o funcionamento da colônia lembra muito de perto a própria vida terrena, o que estimula reflexões sobre uma certa justiça que se impõe por igual a todos, sem os desvios e arranjos a que estamos acostumados por aqui.

Você percebe que o espiritismo não é uma doutrina de crenças cegas, que favorecem a construção de sonhos sem a contrapartida da vivência experimental e da aquisição de conhecimentos capazes de dar sustentação à prática cotidiana. E a prática não consiste em se fazer presente em locais ditos mágicos, ou seja, não corresponde a apenas ir ao local do culto para garantir recompensas. Esta ideia se contrapõe à concepção espírita.

Aí começam as diferenças, diferenças que se ampliam à medida que se vai penetrando com bom-senso nos novos conhecimentos. Antes se podia ir ao culto sob a necessidade de cumprir uma obrigação básica para uma conquista futura; já não se pode abrigar essa ideia com relação à sessão espírita, pois a frequência a ela, simplesmente, não é condição essencial para se obter o passaporte para o "Nosso Lar" ou outro lugar equivalente.

O prazer deve substituir a obrigação, assim como o gosto à formalidade. O dirigente do centro não deve ser visto como o equivalente do padre ou do pastor, pois ele é uma pessoa semelhante a qualquer outro ser humano, com necessidades iguais e em processo idêntico de evolução. Não se pode, pois, depositar nele a esperança de que garanta um futuro melhor, como antes se fazia com os condutores religiosos.

Em contrapartida, o umbral não é, nem de perto, o antigo inferno, nem o passe é a hóstia, como o anjo da guarda não é o espírito protetor e o santo o espírito superior. Há profundas, marcantes diferenças aí e é a compreensão dessas diferenças que vai dar condições para a substituição dos valores e, portanto, para realizar esforços importantes, como o da reforma íntima. Assim, em lugar de substituir apenas nomes, objetos, você precisará alterar a noção e o conceito de valor em relação à doutrina. É preciso substituir a velha roupa da crença, romper com a noção de ritos como algo que possui finalidade em si mesmo.

No espiritismo não se trabalha com a ideia de rebanho que o condutor aparta da sociedade e conduz para uma futura felicidade. Trabalha-se com a certeza de que o ser foi feito para viver no mundo, em múltiplas e diversificadas experiências sociais, desaparecendo e reaparecendo no corpo físico de tempos em tempos com o fim de evoluir.

O Universo surge assim aos nossos olhos como o espaço infinito onde a Terra é um lugar próprio para experiências e definição da individualidade espiritual.

Em resumo, há novos conhecimentos que encontram uma barreira natural em nossa bagagem cultural e por isso têm dificuldade de penetrar. Cada pessoa, ao considerar essa realidade, deve descobrir a sua verdade e aprimorá-la.

No caso da reforma íntima, você precisará perceber os valores a mudar, estabelecer a decisão de mudá-los, mas entender que essa mudança só se torna definitiva depois que suas experiências na vida forem suficientes para afirmar os novos valores em sua bagagem.

Até que isso ocorra, será preciso prosseguir exercitando os novos valores em cada ocasião propícia, mas sem deixar-se iludir pela sua conquista antes do tempo. E nem se deixar desanimar com os tropeços, com a incapacidade momentânea de exercitar as virtudes na plenitude da experiência, compreendendo de antemão que isso só pode ser realizado por aqueles que já alcançaram os planos superiores da vida cósmica.

Você, como eu, é um ser humano a caminho dos planos maiores. Ter essa consciência será dar um grande passo, não para justificar erros e fracassos, mas para ter em mente que uma reforma de tal porte não é tarefa para alguns exercícios aleatórios.

Vamos em frente?

05

TEMPO DE CONQUISTAS

Cada um está no lugar que lhe compete,
embora nada indique que deva
ali permanecer, porque melhorar
é também da lei.

A reforma íntima aparece para você como uma proposta externa ou um estímulo que vem de fora para que realize algo que já está latente em sua mente? Proposta essa que você acolhe espontaneamente e faz dela parte de um ideal maior: crescer, evoluir, alcançar a superioridade para poder melhorar a sua vida?

Muito bem!

Acontece que, antes de tornar-se espírito superior você precisa, no dizer do grande pensador Herculano Pires, tornar-se homem.[4] A colocação é dura, mas realista. Nenhuma alusão ao machismo, nenhuma

4 Ver meu livro *Kardec é razão,* sobre o pensamento do professor Herculano Pires.

insinuação de ordem sexual. O homem de Herculano tem o sentido filosófico, é o ser, o indivíduo, a criatura, o espírito, portanto. Tornar-se homem significa dotar a si próprio dos valores mínimos inerentes à dignidade: franqueza, honestidade, caráter etc.

A referência ao homem tem também o objetivo de esclarecer que o indivíduo não pode aspirar à superioridade verdadeira sem resolver os problemas mais imediatos do contexto em que se localiza.

O ingresso numa doutrina tão interessante como a espírita, que a princípio tende a produzir alguns sonhos um tanto distantes, deve, tão logo possa, trazer a pessoa para a realidade do dia a dia. E, especialmente, para a sua verdade íntima, pois, por aí é que começam as grandes descobertas.

A ideia de conquistas imediatas está presente muito fortemente em boa parcela de indivíduos, especialmente naqueles que foram forjados culturalmente pela ilusão de poder subir a planos altos sem grandes esforços. Ela, porém, não encontra eco no espiritismo.

Todos aqueles que imaginaram, logo depois de se tornarem espíritas, ter adquirido rapidamente o passaporte para uma paz e uma tranquilidade de um céu beatífico, enganaram-se e – contam-nos os espíritos – foram logo desiludidos pela própria situação em que se viram.

Como não é proibido sonhar e iludir-se, alguns ainda encontram ambiente favorável a pensar assim, imaginando que a mudança de um rótulo religioso para outro seria suficiente para novas conquistas.

É perfeitamente compreensível que as pessoas tenham esses sonhos em seu início, porque a entrada no ambiente doutrinário espírita permite sonhar e, às vezes, até favorece a construção do sonho de um futuro espiritual melhor.

O caminho do sonho, neste caso, costuma ser o que conduz a pessoa do seu estágio atual para um mundo distante, sem paragens intermediárias e sem vivências outras. Ao sonhar, você sai de um mundo real para outro, ideal, sem levar em consideração nada mais do que a satisfação de poder mudar sem traumas.

A emoção, contudo, deve sofrer o controle da razão, para que o possível não se esfumace sob o peso de uma vontade impaciente e desejosa de ser concretizada sem perda de tempo. O mundo tem pressa e as pessoas sob a cultura do imediato também ficam apressadas.

O começo, portanto, de qualquer reforma que tenha por objetivo preparar você para um futuro melhor no campo íntimo ou moral, deve ser o da sua transformação em uma criatura à qual se possa dar o atributo de "ser humano", seja ele homem ou mulher.

Não se trata apenas do caminho mais curto – que, de fato, é – mas de uma sabedoria. Por não entender isso, muita gente se ilude e imagina que pode dar um salto, deixando de lado as experiências intermediárias indispensáveis, e passar direto do plano físico da Terra para o plano espiritual do Espaço, alcançando aquilo que *O Livro dos Espíritos* chama de angelitude, que corresponde à categoria dos espíritos puros. O lugar melhor, ideal, para alguém viver bem é aquele para o qual está preparado. Há pelo menos duas situações lógicas que impedem alguém de ir se estabelecer diretamente em local para o qual não se preparou: a impossibilidade de se realizar e a incapacidade de compreender os que ali vivem.

Isso parece argumento falho?

Em absoluto! A própria vida na Terra oferece exemplos muito claros sobre a infelicidade que gera o despreparo. Por muito menos se é infeliz aqui, pois não contamos em nossa sociedade com leis capazes de sustentar perfeitamente as desigualdades.

A vida espiritual, contudo, é rígida o suficiente para manter o equilíbrio do Universo, dando a cada ser o seu lugar ideal e as condições para mudar a situação. Diz-se, em espiritismo, que cada um está no lugar que lhe compete, embora nada exista que indique que deva ali permanecer, porque melhorar é também da lei. Essa colocação é válida, especialmente, para a vida espiritual, onde o que determina a posição de cada um é o grau evolutivo.

O primeiro passo é tornar-se homem na acepção verdadeira do termo, o ser humano capaz de viver em sociedade segundo os padrões mínimos da vida. Para isso é preciso ter noção da necessidade do aperfeiçoamento das instituições e agir nessa direção; ter capacidade de se conduzir segundo o preceito de respeito à liberdade alheia; entender e viver a verdade, ser amigo dela, destituindo do seu trono milenar a mentira e todo o seu séquito negativo; almejar a justiça e praticá-la em toda a sua amplitude.

Tornar-se homem antecede o ser espiritual superior, mas é o caminho indispensável para lá chegar. Você não poderá atingir a superioridade espiritual sem viver as experiências do plano intermediário e é aí que vemos que o professor tinha razão.

A verdade que vale para os planos superiores vale para os inferiores.

Você não viverá perfeitamente bem em um mundo onde os valores que já adquiriu - e que se transformaram em exigências mínimas de sua alma - não tenham ainda sido apreendidos por seus habitantes.

Você poderá conviver aí, por uma questão de vontade própria ou de necessidade imperativa, mas se sentirá muito melhor onde a média dos habitantes possui os valores semelhantes aos seus.

Da mesma forma, para chegar aos mundos superiores é preciso viver experiências que fundamentem as noções da vida naquele plano. Disso tudo resulta que a reforma íntima deve começar pela humanização espiritual, isto é, pela superação do estágio onde falam muito forte os instintos selvagens que geram ódios, invejas, ciúmes, ambições apartadas da justiça, sentimento de família segundo o poder econômico, a posição social e as raízes do passado e assim por diante.

Todos esses elementos, que ainda transitam na alma do ser de hoje, já não existem nos planos superiores, podendo os habitantes desses planos pensar em amor sem os caprichos gerados pelos sentimentos negativos.

Tornar-se homem é o caminho, portanto, para a superação do negativo, que ofusca a visão do amor. O Cristo recomendou amar o próximo como a si mesmo, mas os instintos selvagens dificultam a superação do estágio em que, antes do amor, sobressai o egoísmo e todo o seu cortejo.

Não é possível, nesse estágio, ter a noção exata do amor. Então, o estágio do homem é o momento em que luta pela superação da selvageria e todos os seus resquícios.

Nesse estágio, podemos e devemos sonhar com um plano espiritual bom e propício ao trabalho preparatório das novas reencarnações, onde você prosseguirá a luta da reforma íntima.

O estágio superior, onde o amor está em perfeita sintonia com o equilíbrio ecológico, é trabalho para mais tarde. A redução dos instintos selvagens implica a prática do amor, mas não significa nem de longe o amor verdadeiro.

> *Enquanto não se entende o que é perdoar o inimigo não se pode realizar o amor ao próximo, uma vez que o próximo é o inimigo, também.*

Enquanto não se alcança a noção exata da família universal não se pode amar em toda sua amplitude os familiares terrenos, sejam pais, irmãos, filhos ou esposos. Por isso, o amor entre familiares está ainda preso às situações próprias das ligações carnais, onde a palavra justiça é algo muito confuso e o que se faz é uma espécie de proteção à prole e ao patrimônio.

A pressa, portanto, só traz prejuízos quando o assunto é a alma humana.

No passado, líderes religiosos acenaram para soluções dos problemas da alma com a rapidez com que cobravam pelos cultos. De um lado, as promessas não se concretizaram, criando uma multidão de desiludidos; por outro, as promessas auxiliaram a criar a cultura do imediato, que os tempos modernos valorizam.

Os templos de várias religiões estão lotados de indivíduos que ali vão em busca de soluções para os seus problemas, sem nenhuma consciência de realidade físico-espiritual da vida. Aproveitando-se disso, pastores-comerciantes oferecem a custo alto a garantia do progresso material para os crentes, apresentando como promissória a figura de um Deus agora preocupado com aqueles que pagam o dízimo corretamente. E têm tanta certeza em sua capacidade de atrair os crentes com esse argumento, que não se negam a vir a público e afirmar que aqueles que pagam o dízimo corretamente, adquirem para com Deus um crédito; assim, quanto mais pagam, mais Deus lhes estaria devendo, sendo, portanto, certo que o Criador lhes pagará muito bem no céu e na Terra.

O fato desperta a cobiça em muitos e é por isso que vemos, vez por outra, a notícia de pessoas que entregaram todo o seu patrimônio para os pastores e depois se desiludiram, indo à justiça reclamar que foram enganados.

Nas sessões de seitas mediúnicas também encontramos parte considerável desse contingente de criaturas que buscam soluções para seus problemas psicoespirituais através da associação com espíritos que julgam capazes de lhes auxiliar e em decorrência disso concebem atender às exigências materiais desses espíritos.

Resulta daí uma relação moral promíscua a tal ponto que muitas vezes o problema inicial passa a não ser quase nada em relação aos que surgem posteriormente. Assim, a solução não está nestes locais e menos nesse tipo de associação. Pelo menos a solução real dos problemas.

A pressa tem sido, na verdade, a causa de muitos adiamentos, porque, no fundo esconde ela a nossa vontade de passar por cima dos problemas; desejamos resolvê-los, rapidamente, pela via mais fácil, e ocupar o tempo com coisas mais agradáveis. Compramos o céu se este for o caminho mais curto.

Muitas encarnações - afirmam os espíritos - são gastas nesse intuito, até que, cansado e sem outra saída que não enfrentar a realidade, o indivíduo descobre que o caminho melhor e aparentemente mais longo é o da solução pelo esforço pessoal.

É preciso viver as experiências da transformação para solidificar as conquistas e isto não se consegue da noite para o dia. É preciso adquirir o mérito e o consequente respeito que ele infunde aos semelhantes.

São muitas as conquistas a realizar e cada um dos valores a adquirir (perdão, caridade, solidariedade, paciência, tolerância, respeito etc.) pede uma prática repetida para que o aprendizado se transforme em patrimônio da consciência.

Muitos são também os defeitos da personalidade a eliminar (inveja, ciúme, cobiça, amargura, tristeza, desespero, solidão, angústia etc.) exigindo um esforço mental equivalente ao da conquista dos valores morais.

Pode-se, pois, dizer que para cada defeito que se supera há uma virtude que se conquista.

Nada disso, porém, ocorre senão com um tempo suficiente para que as experiências sejam realizadas e repetidas. A frase político-poética do compositor – "quem sabe faz a hora, não espera acontecer" – se aplica exatamente neste ponto: ao descobrir que é preciso se autodeterminar e tomar a iniciativa para substituir seus valores por outros melhores e mais justos, o indivíduo realiza a ação de "fazer a hora" e não deixar para depois aquilo que é possível fazer.

Verifica-se, portanto, que só toma a decisão de fazer a hora, só se mune dessa vontade de começar aquele que consegue ver claramente o futuro à sua frente, futuro que o espiritismo aponta com lógica e ensina com precisão.

Em cada experiência, os valores antigos e novos estabelecem um confronto entre si: o amor egoístico se bate contra a caridade mais desinteressada, o rancor se opõe ao perdão que pede o esquecimento das faltas e assim por diante.

É uma experiência dura, porque as virtudes impõem um exercício permanente e continuado; a princípio, as virtudes estão mescladas aos defeitos da personalidade e a experimentação constante é o filtro que os separam.

Por exemplo, a caridade verdadeira - dizem os espíritos - é aquela que se faz da forma mais desinteressada possível; entretanto, estamos acostumados a dar sob o foco dos interesses, da necessidade de reconhecimento pelo outro, da contabilização do bem que fazemos e assim por diante.

Essa caridade está repleta, portanto, de impurezas.

Quando pudermos praticá-la sem nenhum pensamento outro que não seja estender o bem ao próximo sob o signo do desinteresse, estará ela aprimorada e de fato solidificada em nossa alma.

Quanto tempo é preciso para que isso aconteça?

Nessa direção, André Luiz foi muito feliz na imagem que construiu, ao referir-se ao *automatismo fisiológico* pelo qual o indivíduo "executa todos os atos primários de manutenção, preservação e renovação da própria vida".[5]

O automatismo fisiológico resultou de experiências desenvolvidas nas situações de espírito encarnado e fora do corpo material, porque, está claro, no intervalo que acontece entre uma encarnação e outra o espírito também progride.

Pois bem, fala-nos André Luiz de um outro momento, que, segundo ele, seria este pelo qual passamos, em que estamos a caminho de conquistar o *automatismo moral*, significando que estaremos aptos à prática automática do bem quando tivermos vivenciado exaustivamente as virtudes.

O automatismo aí não é uma capacidade de realizar atos impensados, frios; antes, é a condição indispensável para agir naturalmente com equilíbrio num mundo onde os elementos perturbadores estão abolidos. O espírito superior que renasce na Terra traz consigo a capacidade de sobrepor-se às paixões do nosso planeta, não se deixando levar por elas em momento algum. Em seu mundo, onde habita nor-

---

5 *Evolução em dois mundos*, Editora FEB.

malmente, não existem mais as paixões e os vícios, porque foram vencidos com o tempo.

Estão eles preparados e possuem a capacidade de praticar o bem em toda a sua pureza; trata-se do automatismo moral proposto por André Luiz; a sua ação não se realiza por nenhuma outra razão que não seja a força do bem; diante das situações, não precisam eles de tempo para pensar e decidir: sabem fazê-lo de imediato, na forma justa e perfeita, clara e serena.

A prática continuada dos valores morais e a superação dos defeitos que hoje predominam nas almas, levará ao automatismo moral, único capaz de permitir que possamos habitar um mundo justo e perfeito em concordância com as leis naturais.

A lógica dessa colocação nos leva a repensar a pressa em tornarmo-nos "anjos", antes de aprender a ser homens. A etapa imediata é, pois, aprender a justiça, desenvolver a coragem, decidir com vontade firme, adquirir a honestidade, agir com espírito de cidadania, superar o medo e a mentira, enfim, tornar-se um ser humano em seu amplo sentido, sabendo que, antes de tudo, você é um espírito no corpo, dono do corpo, senhor da vida e do destino, em lugar de continuar raciocinando como um corpo que possui e é dono da alma.

06

PRECONCEITOS E SUPERSTIÇÕES

Reformar é também
lançar um olhar
para dentro de
você mesmo.

Reformar é também lançar um olhar para dentro de você mesmo.

Isso já ficou bem claro nos capítulos anteriores, mas convém repassar a questão de forma a compreender, ainda, dois outros aspectos fundamentais que dizem respeito à nossa cultura, estando, assim, ligados intimamente à proposta de reforma íntima.

Refiro-me ao preconceito e à superstição.

Ninguém vive sem eles, mas ninguém vive bem com eles.

O preconceito é a antecipação de uma certa realidade. Por algumas razões, tentamos resolver aspectos das relações sociais mediante apreciações desprovidas de elementos seguros. Olhamos para alguém e damos uma nota, fazemos um julgamento. Positivo ou negativo, não importa.

Julgamos!

Tomamos partido, fazemos opção. O senso comum definiu o preconceito como algo sempre negativo. O termo está, pois, envolvido de uma aura e de um significado que vem à tona quando é empregado: o indivíduo preconceituoso é aquele que faz julgamentos precipitados, que assume posições contrárias independentemente de qualquer outra coisa. E as razões pelas quais julga é que definem o preconceito.

> *O desconhecimento de causa impede*
> *ver com clareza e isenção.*

O envolvimento emocional também pode figurar aí como determinante do julgamento. O sentimento de antipatia, a ojeriza a determinados temas ou ambientes sociais, a certas opções de crença ou de sexo, a algumas formas de moda quase sempre leva à formulação de preconceito.

Logo, o preconceito é negativo.

Segundo os dicionários, preconceito é o "conceito antecipado, opinião formada sem reflexão", sendo que a reflexão deve ser considerada como o ato de raciocinar sobre alguma coisa com conhecimento de causa.

O preconceito, portanto, não possui um único dono. Todos o têm em certa medida e a respeito de alguma coisa. Mas é quando ele se torna um sentimento arraigado, forte, determinante da visão de mundo do indivíduo e fonte de prejuízos ao próximo ou à sociedade é que assume sua face mais cruel.

Um espírita ter preconceito de um católico é o mesmo que um católico ter preconceito de um espírita. À falta de reflexão, nenhum dos dois, por mais respeitável que seja a crença de cada um, pode ser justo e coerente em sua apreciação.

A superstição é um "sentimento religioso, que se funda no temor ou na ignorância e que leva ao conhecimento de falsos deveres, ao receio de coisas fantásticas e à confiança em coisas ineficazes".

Conhecemos de mil maneiras a superstição, mas é difícil avaliar quanto ela nos custa em tempo e em energias, quando não em dinheiro. A sociedade do consumo é altamente estimulante da superstição.

A cruz que o homem simples coloca atrás da porta de entrada de sua casa, a figa que alguns carregam no bolso, o temor do gato preto que atravessa à nossa frente, essas são formas visíveis da superstição. Mas há aquelas formas pouco claras, que se passam no diálogo interior de cada um e que só mesmo o indivíduo conhece.

Parece ser mesmo verdadeira a afirmação de que não se dá um passo sequer na atualidade sem se estar sendo pressionado pelo preconceito e pela superstição. Tudo depende da hora e dos interesses.

Estamos vendo o mundo e analisando-o; olhamos as pessoas e uma necessidade imensa de conceituá-las nos domina. Os olhos com os quais olhamos o mundo, além de presos aos parcos conhecimentos que temos desse mesmo mundo, estão retidos por laços invisíveis à bagagem cultural que ornamenta o espírito.

Lá no passado, Heráclito afirmou:

> *Os olhos e os ouvidos são maus testemunhos para os homens quando eles possuem almas bárbaras.*[6]

6 *Autoengano*, Editora Cia. das Letras.

Nem você nem eu aceitamos o título de bárbaros. A barbaridade aqui se prende aos resquícios do passado, em que os seres eram só instintos, e à forma como esses resquícios se precipitam de dentro para fora nas relações humanas, dominando de maneira subjetiva, sem se darem a perceber em boa parte das vezes.

A era da razão encontrou-nos eivados de conhecimentos incompletos e falsos, os quais adquirimos nas diversas vidas que tivemos na Terra. Mas não os adquirimos apenas nos primórdios da civilização, ao contato com a natureza inóspita ainda. Muitos desses falsos conhecimentos vieram posteriormente, já no uso da própria razão, sob a imposição das culturas e crenças dominantes.

Como você viu, a superstição tem raízes muitas vezes no sentimento de fundo religioso (embora haja também superstições que não se originaram dos valores religiosos).

Aliás, podemos dizer, com segurança, que o próprio medo nasce da ignorância, o que nos leva a relembrar a afirmação de Léon Denis quando diz que o saber é o supremo bem e todos os males vêm da ignorância.

O falso saber ou a mentira geram males indiscutíveis. Quando o indivíduo ignora alguma parte qualquer da realidade, vê-se frente ao mistério, o que o leva a temer o que desconhece.

Ao impor certos comportamentos e a aceitar fatos que mais tarde não se confirmaram, as religiões determinaram uma parcela da cultura que resulta na superstição.

Eduardo Giannetti, ao incursionar pela via filosófica, faz um mergulho no autoengano, na tentativa de encontrar respostas para as questões do saber do indivíduo sobre si mesmo.

Com isso, avança sobre situações interessantes e descortina um mundo de fantasias subjacentes nas criaturas, que as leva a agir muitas vezes sem a percepção clara de si mesmas.

Diante disso, pergunta:

> *Como seria a vida subjetiva de alguém que baniu a possibilidade do autoengano intrapsíquico? Alguém incapaz de se enganar a si mesmo ou sobre si mesmo?*[7]

7 Idem.

Na verdade, Giannetti não tem resposta para a pergunta que faz e parece mesmo não desejar encontrá-la. Falta-lhe a visão de conjunto do universo, que o espiritismo oferece.

Apesar disso, consegue atingir uma condição muito positiva, quando afirma: "Se o autoengano na vida especulativa é apenas risível, o autoengano na vida prática pode ser trágico".[8]

É o que parece mesmo ocorrer.

Quando você se propõe a realizar a reforma íntima está de fato agindo de duas maneiras: a primeira, especulando sobre o avanço moral que a mudança interior pode oferecer, e noutra tentando passar para a vida prática o resultado das especulações.

Pois bem, o que acontecerá se você descobrir que suas especulações foram feitas em cima de um engano de interpretação qualquer?

Inevitavelmente, você será conduzido a repensar a questão, até descobrir uma forma de não se deixar enganar. Neste momento, você poderá rir das falsas conclusões a que tinha chegado, que o levaram a aceitar conhecimentos falsos e, pior ainda, o conduziram a comportamentos trágicos na vida prática.

---

8 Idem, ibdem.

Para resolver esse impasse, Giannetti faz a seguinte colocação: "Pergunte-se se você se conhece a si mesmo e você terá sérias razões para começar a duvidar. A familiaridade cega".[9]

Note bem: o espiritismo apresenta noções mais exatas da vida dentro e fora do planeta, falando de questões importantes como reencarnação, relacionamento dos seres visíveis com os invisíveis, vida após a morte etc., reafirmando de uma vez por todas a existência, sobrevivência e imortalidade do espírito.

Pois bem, algumas pessoas muito bem-intencionadas tomam desses conhecimentos e imaginam que eles resolvem a falta de saber que tinham de si mesmos.

Enganam-se!

Esses conhecimentos alargam o campo de visão do ser, mostram sua posição no Universo, mas não resolvem o problema de sua intimidade. Só o conhecimento de si mesmo será capaz de realizar essa proeza.

Mas o engano é algo presente nos indivíduos. Por isso foi que Giannetti concluiu com a afirmação de que a familiaridade nos deixa cegos.

---

9 *Autoengano*, Editora Cia. das Letras.

Poucos se dão conta de que aquilo que de si mesmos sabem é quase nada, diante do que deveriam saber. Essa descoberta é fundamental para eliminar o engano da especulação e o trágico da vida prática.

O preconceito e as superstições são dois aspectos fundamentais nesse contexto, pois são originários do engano e fonte em si mesmos dos outros enganos mais.

Entretanto, é mais fácil verificá-los no outro do que notá-los em nós mesmos.

O supersticioso repete comportamentos e atitudes por acreditar na eficácia dessa repetição ou por temer consequências desagradáveis caso não o faça.

Técnicos de futebol costumam guardar a roupa que vestiram no jogo em que conquistaram um título, para usá-la novamente em jogos decisivos.

Eu mesmo me vi em situações semelhantes.

No entanto, nunca consegui obter novo sucesso igual, apesar de tudo. Pessoas há que dizem sempre a mesma oração, apenas porque um dia conseguiram alguma "graça" recitando-a.

Os americanos, por superstição, aboliram o 13º andar dos edifícios, desejando evitar o azar. Porém, tanto lá quanto cá, de vez em quando cai um prédio, por falhas de construção.

Camilo Castelo Branco, que depois da morte voltou para narrar suas lutas espirituais pela pena de Chico Xavier, dizia: "O temor das pequenas coisas faz as grandes superstições".

E o grande Voltaire enfatizava: "A superstição é uma grande serpente que se enrosca na religião, e que a mancha com seu bafo impuro".

O desenvolvimento tecnológico e científico e o avanço para a era da razão não são suficientes para eliminar o mundo de superstições disseminadas pelos cinco continentes, visto que variam segundo a cultura dos povos, mas sobreexistem em todos eles, não sendo privilégio de um ou outro povo isolado.

Os conhecimentos espíritas sem a comprovação da vida prática não têm força para resolver a questão da superstição.

Na vida prática, sob o signo de uma bem fundamentada interpretação doutrinária, é que a superstição pode ser combatida.

Como?

Percebendo os aspectos racionais e lógicos do espiritismo, que mostram o relacionamento de todos os elementos da natureza e onde o determinismo e a fatalidade não se constituem em fatores impostos.

Não há destinos previamente traçados nem consequências fatais imutáveis.

As superstições têm também o seu progresso e a sua inventividade. Muitos símbolos alimentados no passado perderam o seu valor e foram substituídos por outros mais ao gosto da modernidade.

Da ingênua figa de antigamente, hoje perdida em sonhos e lendas do passado, às manifestações supersticiosas que fazem indivíduos baterem na madeira, evitarem o uso de determinadas cores etc., vemos desenrolar um verdadeiro caudal de superstições manifestadas por indivíduos de diversas classes sociais, o que prova que elas não são também referência apenas dos seres incultos e pobres.

A racionalidade, o o saber acadêmico, assim como o poder econômico, não faz pessoas superiores às crendices e superstições.

Assim o preconceito.

Quando o Cristo orientou sobre o julgamento do próximo, afirmando: "Não julgueis para não serdes julgados", sem nenhuma dúvida visava combater o preconceito. Muitos ainda hoje entendem equivocadamente que o Cristo estava combatendo qualquer tipo de análise racional, coisa não só ilógica quanto impossível.

Toda atitude preconceituosa tem na sua base o conhecimento impreciso ou falso; antes de contar com a informação eficaz para o julgamento, o indivíduo o estabelece, isto é, pré-julga. A consequência disso é normalmente a falha no julgamento.

O superdimensionamento do preconceito no meio social humano possibilitou sua classificação diversificada. Hoje temos o preconceito cultural, científico, social, político, econômico, religioso, racial etc., o que significa que está ele incutido em todas as áreas.

Poderíamos perguntar na linha de Giannetti: se não conseguimos sobrepor-nos aos preconceitos, como poderemos fazer reforma íntima?

Para o homem moderno, a tendência de estabelecer pré-julgamentos é quase instintiva e incontrolável. Daí porque nos deparamos com o feio e o bonito, o bom e o ruim, o certo e o errado, o prestável e o imprestável, o lógico e o ilógico, o saber e a ignorância e assim por diante, quase sempre submetidos ao autoengano, isto é, ao conhecimento impreciso ou falso.

Os espíritos alertaram na primeira obra da codificação sobre os problemas que o preconceito acarreta. Sem se darem conta disso, alguns estudiosos se assustam quando leem que na sociedade dos espíritos é comum encontrar o subalterno da vida na Terra ocupando um lugar mais elevado que seu antigo patrão.

Não compreendem que a escala de valores do planeta material está presa a interesses que raramente obedecem à lei de justiça, interesses que por sua vez se manifestam pelo preconceito.

Dessa maneira, a ação de subjugar o preconceito e a superstição - necessária para quem se propõe à reforma íntima - não encontra em muitas pessoas condições ideais para se instalar.

Ou seja, muitos ainda preferem manter os preconceitos e ter com eles uma convivência estreita para não precisarem arranjar outro tipo de manifestação de seu entendimento das coisas.

Convivem bem com eles da mesma forma que há quem se satisfaça com suas doenças e não desejem curá-las. Foi o que levou Lackington a dizer um dia: "É bem raro que o supersticioso (e o preconceituoso, por extensão) pretenda esclarecer-se".

De todos, o preconceito cultural talvez seja aquele que mais males traga para a humanidade, pois, dele derivam as demais formas de preconceito. Tem ele o condão de afastar todo e qualquer conhecimento que possa destruir o preconceito e as superstições, de forma geral, dificultando assim a marcha do progresso. Há duas formas de acabar com o preconceito: a mais eficaz é, através da vontade determinada, iniciar um processo de controle e extinção dele. Aí entra a reforma íntima. Mas, é preciso saber que o preconceito é apenas um dos aspectos a serem superados. Como ele há muitos outros à espera de um combate íntimo.

A outra maneira de eliminar o preconceito é dada pela própria vida, ou seja, o indivíduo é colocado diante de tantas e tais evidências que não consegue fugir da realidade.

Esta forma, embora muito comum, é mais longa e penosa. De qualquer maneira, por um ou outro caminho, todos chegarão à eliminação total dos diversos tipos de preconceito e de superstição.

Portanto, o combate ao preconceito tem início quando o indivíduo verifica, primeiro, que o possui e, segundo, passa a exercer controle sobre sua existência. A superação das superstições exige, também, atitudes firmes de uma consciência determinada a vencer os prejuízos que elas causam.

Esta é uma posição que coloca o indivíduo aberto para novos conhecimentos e novas relações sociais.

Considera ele que o preconceito, como outras realidades internas, é parte de uma cultura e, portanto, de uma consciência adquirida nas relações sociointerativas e que, da mesma forma como foi construída, pode ser desconstruída.

07

EXPERIÊNCIA E EVOLUÇÃO

Transporte-se, agora,
para a vida do espírito.

Evolução e mérito são dois termos irmãos; há entre eles muito mais afinidade do que possam os bons filósofos imaginar. E não será indo à raiz deles que se conseguirá ver essa afinidade, mas à raiz da palavra experiência. Lá está, no Pequeno Dicionário Brasileiro da Língua Portuguesa: "Ato ou efeito de *experimentar*; prática da vida; uso; ensaio; prova; tentativa".

Pois bem, ao apontar para a realidade do mundo o espiritismo como que diz: local de experiência, onde o espírito vai praticar a vida usando dos seus sentidos, ensaiando os conhecimentos resultantes das experiências, para de novo experimentar e re-experimentar até realizar as tentativas necessárias e passar pelas provas indispensáveis à confirmação do resultado ideal. Cada experiência concluída pode significar um passo na direção da evolução espiritual. Cada conquista efetivada corresponde a um novo mérito para o espírito.

O que seria a vida sem o mérito das conquistas? Poderia ser o recebimento de um bem de modo gratuito, pela "graça" e pelo simples crer, ou seja, a fé antiga e mágica.

Imagine-se de posse da chave que aciona um veículo espacial; sem conhecimento técnico, sem treinamento, sem preparo, sem experiência suficiente para manejar um tal veículo, por mais que ele represente a possibilidade de realização de um desejo de ir ao espaço infinito e poder apreciar a magnitude do Universo, de nada valerá para você.

Alguém poderá levá-lo, alguém que conheça todo o mecanismo, que o tenha estudado anos a fio, passado por todas as experiências necessárias e que esteja habilitado a conduzir o possante pássaro motorizado. Após todas as precauções indispensáveis a um novato, você recebe a ordem para partir. E se deslumbrará com o azul da Terra, a imensidão do espaço; tudo isso o deixará em êxtase inenarrável, mas chega um momento em que você deve retornar e o sonho se finda. O outro poderá continuar as viagens, mas você não, estará sempre na dependência dele, ou de outros, porque não aprendeu a pilotar aquela máquina maravilhosa.

Transporte-se, agora, para a vida do espírito. Você tem um mundo inigualável à sua espera, habitado por seres de grande sabedoria, mas você, pobre coitado, vive na Terra, esse mundinho atrasado e violento, injusto e dominado por inteligências egoísticas.

Mesmo que a custo de muita superação, você descobre que precisa enriquecer-se na experiência desta vida, sonhar com o possível, esforçar-se por aprender. Afinal, seu objetivo é mesmo tornar-se um deles, para poder realizar tudo aquilo que só os espíritos superiores realizam.

Enquanto isso, precisa viver as experiências naturais daqui da Terra, com todas as suas dificuldades. Mas não fica sem conhecer as delícias da vida nos mundos mais elevados. De vez em quando, um deles o leva em sonho numa viagem de passeio, quando você passa por locais maravilhosos e conhece seres sem iguais. Teria você nessas ocasiões grande desejo de fica por lá, mas não pode. Seu destino, por enquanto, é a Terra.

Imagine que numa dessas viagens você receba o convite para ficar. Hipotético convite. Alguém se identifica com você e oferece apoio para que fique com ele. Seu mentor, aquele que o levou nessa viagem, certamente dirá não e impedirá que você realize o sonho. Por mais que fique triste com ele, você deverá perceber que ele deseja o seu bem e sabe que, por enquanto, você não tem condições espirituais para habitar aquelas paragens.

Em primeiro lugar, está preso em um corpo terreno, do qual só se desligará com a desencarnação; depois, você não realizou ainda as experiências necessárias à preparação de si próprio para poder viver em mundo onde as leis, severas como aqui, reuniu ali pessoas em condições de respeitá-las integralmente.

Sua vida lá seria prematura e nessa condição, muito provavelmente você faria coisas que viriam de imediato contra sua estabilidade emocional. Por isso e compreendendo em profundidade essa realidade é que o seu mentor diria não. Como você mesmo diria não a um filho de oito anos que desejasse sair de casa e viver sozinho no mundo.

Há, entretanto, muito mais coisas aí. Sua compreensão da vida num mundo superior poderá não alcançar os fatos. Tendo por companheiros espíritos de grande saber, teria você dificuldades de entender sua linguagem, seus objetivos, sua forma de ser e de agir, sem contar outros fatores como alimentação, saúde, descanso e lazer. Tudo isso poderá estar em grau muito distante de sua compreensão, tornando-o infeliz.

As experiências geram recursos que nos capacitam à realização de novas experiências. Adquirir condições para enfrentar desafios mais amplos resulta em mérito. Seu mentor poderia colocar você numa situação melhor, caso você desencarne e não fique satisfeito com as condições de vida que lhe são oferecidas. Mas não o fará, com certeza!

Você sonha em habitar uma colônia tipo Nosso Lar, descrita por André Luiz, mas se vê de repente num lugar esquisito, onde os seres parecem tristes e quase não lhe dão atenção. Como resolver isso? Com tempo e paciência. Os mesmos que são exigidos na vida terrena, para o aprendizado ideal, mas não conseguimos muitas vezes desenvolver por culpa de fatores diversos.

A experiência terrena tende a prosseguir na espiritualidade, relevando-se os fatores inerentes à nova existência. Após um período de readaptação, você se verá motivado a prosseguir e não a começar do zero. Prosseguir do ponto onde houvera parado, no sentido de vivenciar outras experiências que possam ser somadas às já adquiridas. É assim que você reencontra amigos, retoma atividades, assume novas responsabilidades e prossegue.

Como afirma Herculano Pires, "é na usina das relações" que o ser se realiza. Tanto na Terra quanto no plano do espírito a vida nos empurra para as experiências e o contato com o outro. Se no plano dos espíritos as leis aparecem mais drásticas, a ponto de impedir injustiças, a verdade é que na Terra você tem condições de modificar muitas coisas sem que o outro perceba. Especialmente em relação àquilo que diz respeito à sua intimidade. Como espírito você pensa e logo é visto, afinal a linguagem do pensamento é o móvel da comunicação entre os seres desencarnados.

Aqui, você pensa e, embora seu pensamento realize ações, não é visto pelo outro e pode, portanto, esconder-se. O corpo físico lhe oferece uma privacidade que não lhe é dada pelo corpo perispiritual, usado no plano dos espíritos. Você pode, assim, utilizar-se dela para progredir e alcançar estágios melhores, que prosseguirão após a desencarnação. Mas pode também nada fazer aqui e continuar nada fazendo do lado de lá.

A aparente força do "acaso" leva muitos a compararem a vida a uma grande loteria, o que não passa de ilusão dos sentidos. Segundo esse conceito, estamos sempre jogando e muitos jogam o jogo da vida na disposição de ganhar a passagem para o mundo superior.

Bastaria ver com os olhos do espírito para perceber que os céus não brincam de sorteio, mas oferecem a cada um segundo sua realidade comporta. O que parece acaso não é mais que a ação de seres segundo as leis da natureza, coisa que tem sido desconhecida pelo homem devido ao seu envolvimento exagerado com a matéria.

As experiências que se iniciam na família, encaminham-se para a sociedade. O espírito começa sua vida no núcleo menor, mas não pode se fixar aí; precisa deslocar, no tempo oportuno, o eixo de suas preocupações para a sociedade, onde aumentam, também, as suas relações. O núcleo menor é sempre o local para onde retorna, após cada experiência diária. Ali, recebe as energias alentadoras, mas desenvolve, também, experiências específicas, as quais deveriam prepará-lo para as experiências no núcleo maior.

Quando se compara as experiências do lar com as da vida social se verifica que elas mudam de aspecto, mas são, no fundo, idênticas, só que em plano diferente de experimentação. Tanto o núcleo menor quanto o maior oferecem possibilidades de desenvolvimento espiritual. Essas experiências prosseguirão semelhantes na vida espiritual, para onde se vai e se reúne em núcleos menores e maiores.

A realidade que se apresenta ao espírito é sempre esta: viver experiências de forma a aprender e evoluir. Quiseram certas religiões constituir núcleos de pessoas que se imaginassem privilegiadas com a garantia de Deus quanto ao seu futuro em um mundo melhor. Retirando-as da sociedade ou infundindo nelas a ideia de que a sociedade é pervertida e perversora do espírito, impediram-lhes de viver as experiências indispensáveis. Mantendo essa ideia em sua bagagem cultural, muitos ainda renascem hoje e se desenvolvem sob a pressão dessa ideia, encontrando dificuldades imensas para absorver a realidade, que manda cada um viver suas experiências e delas obter as certezas necessárias.

O candidato à reforma íntima não pode nem deve alimentar essa ilusão castradora. As experiências que se vive, por exemplo, num centro espírita - que pode ser considerado um núcleo intermediário, mas nunca o núcleo maior - são interessantes e propiciam a aquisição de valores, tanto quanto as vividas nos núcleos menor e maior.

Quando o indivíduo transforma o centro espírita em núcleo maior, tenta substituir a sociedade pelo centro, numa ação impossível e redutora. Jamais o centro espírita vai oferecer todas as oportunidades de progresso que a vida em sociedade oferece, da mesma forma que podemos dizer que as experiências oferecidas pelo centro são específicas dele.

Se o centro espírita não pode substituir o núcleo maior, também não pode substituir o menor, a família. Você precisa tanto de um quanto de outro local para realizar boas experiências, sempre segundo o critério de importância relativa de cada um. Assim, fica claro que a reforma íntima não dispensa a experiência nem seleciona núcleos; precisa e depende de todos eles para se tornar completa.

No ambiente familiar o ser encontra as possibilidades de transformação segundo uma intimidade que se torna salutar na medida em que é bem aproveitada. Aqueles que frequentam o centro espírita encontram ali outras possibilidades de realizações. Assim, da mesma forma, vai encontrar no espaço maior, a sociedade, as possibilidades que os demais núcleos não oferecem e das quais o espírito precisa, pois sem elas não completaria o seu trabalho reformador.

Em resumo: a reforma íntima é um compromisso individual, da criatura consigo mesma, para a qual ela precisa da vida em sociedade, onde realiza as experiências necessárias ao seu crescimento espiritual.

O tempo e o conhecimento de si mesmo são elementos indispensáveis para a vitória nesse campo. O espiritismo disponibiliza informações que favorecem a realização da reforma íntima e mostra que o pensamento é o ponto central de qualquer atividade que busque a melhoria espiritual do ser.

08

ADMINISTRAR O PENSAMENTO

A vontade se torna importante para mudar a qualidade do pensamento e manter essa mudança pelo tempo necessário à formação de um novo ambiente mental.

O ponto alto da reforma íntima se chama *administração do pensamento.* Kardec, em passagem que destacamos logo no início deste livro, afirma: "...a pessoa que nem sequer concebe o mau pensamento já realizou o progresso; aquela que ainda tem esse pensamento, mas o repele, está em vias de realizá-lo; e, por fim, aquela que tem esse pensamento e nele se compraz, ainda está sob toda a força do mal".[10]

Todos os que se decidem pela reforma íntima se enquadram certamente na classe dos que têm o mau pensamento, mas o repelem.

---

10 *O Evangelho segundo o Espiritismo*, cap. VIII, pág. 131, 1ª edição, EME.

Ou deveriam repelir. Uma análise mais acurada é bem provável que nos coloque numa subclasse – a dos que repelem alguns maus pensamentos e ainda se comprazem com outros!

O pensamento está na base da vida do ser, viva ele em um corpo material terreno ou esteja na sociedade dos espíritos que habitam o espaço com seu corpo chamado perispírito.

Referindo-se à aura dos espíritos, André Luiz, via Chico Xavier, explica:

> *Exteriorizamos, de maneira invariável, o reflexo de nós mesmos, nos contatos de pensamento a pensamento, sem necessidade das palavras para as simpatias ou repulsões fundamentais.*[11]

Essa verdade não se concretiza completamente para nós, terráqueos, uma vez que o corpo físico nos limita as ações, mas, com certeza, também refletimos em nossa aura o caráter ou a qualidade do nosso pensamento.

E por aí somos vistos e reconhecidos pelos espíritos invisíveis.

---

11 *Evolução em dois mundos*, editora FEB, pág.130.

O pensamento é de vital importância para a felicidade.

Cientificamente, ainda não se conhece a sua realidade. Sabem os pesquisadores de alguns valores psíquicos, conhecem alguns poderes do pensamento, mas não chegaram - ainda - a dissecá-lo para compreender sua extensão verdadeira.

Contudo, os espíritas sabem de sua importância no contexto da vida.

Para referendar a sua colocação de que "a mente é o espelho da vida em toda a parte"[12] - o que está de fato em concordância com o espiritismo - Emmanuel ressalta que o pensamento pode ser controlado através de um dispositivo poderoso chamado vontade.

Vai além, dizendo que a mente dispõe de elementos importantes como o desejo, a inteligência, a imaginação e a memória, os quais, agindo livremente, podem levar o indivíduo a descer aos piores patamares da vida. E a subir aos mais altos cumes da felicidade.

> *A Vontade - diz - é a gerência esclarecida e vigilante, governando todos os setores da ação mental.*[13]

12 *Pensamento e vida*, edição FEB, pág. 11.
13 Idem, pág. 16.

Bem entendido, a vontade governa a mente daqueles que, conscientes dessa realidade, decidiram-se pelo controle do pensamento em tal ordem de grandeza que passaram a dominá-lo e a dirigi-lo para os fins positivos. Isso implica dizer que as energias produzidas pela mente através do pensamento podem ser canalizadas na direção que o indivíduo desejar. Claro, em uma sociedade onde os valores permanecem invertidos e o anormal passou a ser normal, essa administração do pensamento se torna imensamente dificultosa.

Acresça-se a isso os fatores culturais e as exigências da vida, que obrigam os indivíduos a trabalhar mais do que devem pela necessidade de atender a toda série de exigências materiais que são colocadas à sua frente.

Sobre isso, convém recordar Kardec, em *O Livro dos Espíritos*, ao grafar as palavras dos mentores:

> *A civilização obriga o homem a trabalhar mais, porque aumenta as suas necessidades e os seus prazeres.*

Conhecemos todos muito bem o que significa estar frente às necessidades criadas pelos meios de produção e de comunicação, sem poder delas satisfazer.

Ou seja, em razão de tudo isso, o controle do pensamento, que quase não é realizado, torna-se um fardo ainda mais pesado, tanto que muitos dos que se iniciam na arte da reforma íntima, ao perceberem as exigências de uma tarefa tão ingente quanto esta, se veem sem forças suficientes, quando não se enganam na suposição de estarem executando-a, sem no entanto descerem sequer ao portal da administração do pensamento.

Em reforço à abertura no campo do espírito iniciada por Kardec, Emmanuel vem em socorro dos interessados e confirma aquilo que está descortinado nas diversas partes da obra básica do espiritismo: "Só a Vontade é suficientemente forte para sustentar a harmonia do espírito",[14] fazendo ele mesmo uma ressalva que, por importante, vale relembrar aqui:

> *...ela (a Vontade) não consegue impedir a reflexão mental, quando se trate de conexão entre os semelhantes, porque a sintonia constitui lei inderrogável, mas pode impor o jugo da disciplina sobre os elementos que administra, de modo a mantê-los coesos na corrente do bem.*[15]

---

14 Idem, ibdem, pág.17.
15 Idem, ibdem, pág.18.

Você pode compreender melhor isso relembrando que o simples desejo de fugir à convivência com determinadas mentes não é suficiente para lhe afastar delas. A vontade se torna importante exatamente quando do desejo de se afastar você passa à ação de alterar o estado mental, isto é, mudar a qualidade do pensamento e manter essa mudança pelo tempo necessário à formação de um novo ambiente mental que, por si mesmo, torne impossível a convivência indesejada e encaminhe, naturalmente, para o contato com outras mentes em estado de melhor equilíbrio.

Esse aspecto se torna mais importante ainda, na medida em que você percebe que a convivência com os seres pensantes, encarnados e desencarnados, se dá na base de uma sintonia estabelecida por uma construção mental.

Você define o seu modo de pensar e o formaliza, cria as condições mentais que o conduzem à relação com as mentes cujo pensamento se assemelham ao seu.

Quando Kardec afirmou que somos influenciados pelos espíritos muito mais do que imaginamos, quis ele referir-se a essa relação estabelecida pela sintonia.

Ora, a ação de empreender a reforma íntima deve levar em consideração esse aspecto, sob pena de se fixar em pontos isolados e ficar, portanto, manca. O fato de dar início à reforma não é de imediato suficiente para subtrair a relação com espíritos de classe inferior.

Essa convivência permanece e, ao que tudo indica, deverá se manter por longo tempo em virtude de uma verdade: a formação de um ambiente mental diferente exige o tempo suficiente das experiências capazes de formarem o novo ambiente. Assim, a luta da reforma se estende por um período que, com certeza, deverá ultrapassar uma encarnação, e durante esse período você estará vivendo em meio às influências diversas, positivas e negativas.

Neste ponto é que a Vontade se torna determinante.

"Sem ela - aponta ainda Emmanuel - o Desejo pode comprar ao engano aflitivos séculos de reparação e sofrimento, a Inteligência pode aprisionar-se na enxovia da criminalidade, a Imaginação pode gerar perigosos monstros na sombra, e a Memória, não obstante fiel à sua função de registradora, conforme a destinação que a Natureza lhe assinala, pode cair em deplorável relaxamento".[16]

Esses desvios do desejo, da inteligência, da imaginação e da memória podem ser evitados

---

16 Idem, ibdem, pág.17.

pela Vontade, sob uma eficiente administração do pensamento.

Contudo, você deve saber que os desvios mais danosos nem sempre são os dos grandes males, como os crimes perversos e assombrosos, e os erros enormes, que se tornam conhecidos de toda a sociedade, mas, ao contrário, encontram-se nas pequeninas decisões do dia a dia.

Num desejo aparentemente insignificante alimentado aqui, num prejuízo quase despercebido praticado ali ou numa infeliz decisão mais à frente podem estar as migalhas do dia a dia que geram as infelicidades. Foi por isto que o Cristo, na beleza de seu ensinamento, afirmou: "Aquele que não é fiel no pouco não será fiel no muito".

No esforço de oferecer uma visão mais precisa, André Luiz se refere ao pensamento e o divide em quatro partes. Assim, diz que todo pensamento possui frequência, trajeto, natureza e objetivo, estabelecendo assim a sintonia com mentes afins.

Concretizados, esses quatro elementos estabelecem a qualidade final do pensamento e estão implícitos nele, embora você não se lembre disso quando pensa.

O pensamento se expressa em ondas de determinada frequência, onde podem ser alcançados por outras mentes que se estabelecem na sua frequência. Assim, o trajeto percorrido pela onda mental encontra as mentes sintonizadas naquela frequência, com pensamentos de idêntica natureza, podendo unir-se a ele e aos objetivos propostos pelo emitente.

Os seus objetivos, ao pensar, encontram o reforço daquelas mentes que têm idênticos desejos e tudo se junta para formar pares ou grupos de seres que passam à simbiose de energias.

Se essa relação não pode ser evitada, ou seja, se o contato com os seres espirituais harmonizados com sua frequência de pensamentos faz parte da natureza e é regulado por leis naturais, a Vontade pode se impor e exercer uma administração eficaz sobre os pensamentos.

Mudem-se a natureza e o objetivo dos pensamentos e mudarão, automaticamente, a frequência e o trajeto deles. Em razão disso, alteram-se os valores que determinam a harmonia entre todos os seres pensantes.

Fica claro o seguinte: você não pode evitar os contatos pensamento a pensamento, porque uma lei maior regula as relações mentais, mas pode *escolher* as criaturas com as quais deseja manter esse relacionamento, através de uma vontade firme e decidida.

O resultado dessa ação pode não ser visível, a princípio, nem demonstrar alterações consideráveis, mas aparecerá ao longo do tempo e fará com que você crie uma casa mental definitivamente justa e forte.

Agora, sim, podemos pensar em termos de conhecimentos oferecidos pela doutrina espírita.

Dissemos atrás que a posse desses conhecimentos não é, por si mesma, suficiente para alterar o padrão moral das pessoas. Entretanto, uma vez que você se decide a realizar a difícil conquista da reforma íntima, aqueles conhecimentos vêm juntar-se aí para reforçar a decisão e manter a Vontade sempre firme e coesa.

O conhecimento da espiritualidade, da lei e do mecanismo da reencarnação, as informações adquiridas sobre as relações entre os seres visíveis e invisíveis que habitam o Universo, o entendimento da vida dinâmica que de fato se desenrola no espaço, expectativas e sentimentos dos espíritos, tudo isso vem em reforço do indivíduo que, de modo claro, entende o seu papel e o esforço que deve desenvolver para ordenar sua evolução.

Questões como trabalho, caridade, solidariedade, humildade, paciência, tolerância e amor, entre outras, serão excelentes auxiliares se utilizadas com critério e parcimônia, sem as ilusões e fantasias de uma imaginação descontrolada.

Nem pressa, nem indolência.

A pressa é inimiga da perfeição e a reforma íntima é caminho para a perfeição. A pressa pode favorecer a ilusão e a ilusão é tão danosa quanto uma atitude não tomada. A preguiça, por sua vez, age contra a dinâmica, o movimento da vida, emperrando as conquistas.

Resta-me, portanto, desejar que você consiga alcançar o seu sucesso e a sua felicidade, tendo o espiritismo como auxiliar e a Vontade firme de subir o mais alto dos degraus possíveis, começando agora e sabendo onde poderá chegar, no tempo e no espaço de sua existência imortal.

Bons espíritos o auxiliem!

BIBLIOGRAFIA

BOZZANO, Ernesto. *Pensamento e vontade,* 4ª edição, Editora FEB, Rio de Janeiro, RJ.

________. *Cérebro e pensamento,* 1ª edição, Editora Kier, Buenos Aires, Argentina.

GIANNETTI, Eduardo. *Autoengano,* 1ª edição, Editora Cia. das Letras, São Paulo, SP.

KARDEC, Allan. *O Livro dos Espíritos,* 1ª edição, Editora EME, Capivari, São Paulo.

________. *A Gênese, Os Milagres e as Predições,* 2ª edição, Editora Lake, São Paulo, SP.

________. *Coleção Revista Espírita,* 1ª edição, Editora Edicel, São Paulo, SP.

________. *O Evangelho segundo o Espiritismo,* 1ª edição, Editora EME, Capivari, São Paulo.

________. *O Livro dos Médiuns,* 1ª edição, Editora EME, Capivari, São Paulo.

Pires, Herculano. *O espírito e o tempo*, edição Editora Pensamento, São Paulo, SP.

________. *O centro espírita*, 1ª edição, Editora Paideia, São Paulo, SP.

________. *O mistério do ser ante a dor e a morte*, 1ª edição, Editora Paideia, São Paulo, SP.

Vieira, Waldo. André Luiz (espírito). *Conduta espírita*, 4ª edição, Editora FEB, Rio de Janeiro, RJ.

Vieira, Waldo. Xavier, Francisco Cândido. André Luiz (espírito). *Evolução em dois mundos*, 3ª edição, Editora FEB, Rio de Janeiro, RJ.

Xavier, Francisco Cândido. André Luiz (espírito). *Nosso Lar*, 11ª edição, Editora FEB, Rio de Janeiro, RJ.

________. *Mecanismos da mediunidade*, 4ª edição, Editora FEB, Rio de Janeiro, RJ.

________. *Nos domínios da mediunidade*, 7ª edição, Editora FEB, Rio de Janeiro, RJ.

Xavier, Francisco Cândido. Emmanuel (espírito). *Fonte viva*, 5ª edição, Editora FEB, Rio de Janeiro, RJ.

________. *O consolador*, 6ª edição, Editora FEB, Rio de Janeiro, RJ.

________. *Pensamento e vida*, 1ª edição, Editora FEB, Rio de Janeiro, RJ.

________. *Vida e sexo*, 2ª edição, Editora FEB, Rio de Janeiro, RJ.

OBRAS DO AUTOR

365 momentos espíritas com Herculano Pires
Ao cair da tarde - Momentos de paz
Barroso, 90 anos
Cairbar Schutel, o bandeirante do espiritismo
Chico, você é Kardec?
Doca e o menino
Entre o espírito e o mundo
Espiritismo cultural - Arte, literatura e teatro
Estratégia, linguagem e informação
Imprensa na berlinda
Kardec é razão
Médicos médiuns (opúsculo)
Mensagens de saúde espiritual
Muito além das sombras
Nosso centro - Casa de serviços e cultura espírita

O centro espírita
O centro espírita e suas histórias
O corpo fluídico
Os espíritos falam. Você ouve?
Sinal de vida na imprensa espírita
Uma janela para Kardec
Vidas - Memórias e amizades
Vinicius - Educador de almas
Você e a obsessão
Você e a reforma íntima
Você e o passe (com Wilson Francisco)
Você e os espíritos

TRADUÇÕES

Cérebro e pensamento - e outras monografias (Ernesto Bozzano)

Herculano Pires, filósofo e poeta (Humberto Mariotti/Clóvis Ramos)

O destino de lorde Artur Saville (Oscar Wilde)

O fantasma de Canterville (Oscar Wilde)

Victor Hugo espírita (Humberto Mariotti)

CONHEÇA DO MESMO AUTOR:

Vidas, memórias e amizades

Wilson Garcia

Biografia • 16x23 cm • 200 páginas

Este é um livro que fala de vidas e dos conflitos que permeiam as relações humanas e a intimidade dos seres. O autor recorda fatos e amizades. Visita o passado, relembrando personalidades de seu convívio e do movimento espírita. Conheça a emocionante história real do soldado e o relógio, a e manifestação do espírito dono do relógio.

O destino de lorde Artur Savile

Wilson Garcia

Romance espírita • 13x18 cm • 120 páginas

Você vai ficar sabendo da história de Lorde Artur Savile, um nobre inglês, e ainda toma conhecimento da posição do Espiritismo sobre a leitura da sorte e as possibilidades de conhecer o próprio destino.

Espiritismo cultural – Arte, literatura e teatro

Wilson Garcia

Doutrinário • 16x22 cm • 134 páginas

Espiritismo cultural reúne textos de diversos jornalistas e escritores voltados a um público interessado na arte enquanto tema geral, diretamente afetado pela cultura espírita e nos seus desdobramentos diversos.

VOCÊ PRECISA CONHECER:

O evangelho de Maria Madalena
José Lázaro Boberg
Estudo • 14x21 cm • 240 páginas

Neste livro, José Lázaro Boberg busca reconstruir a verdade sobre Maria Madalena, uma das personagens femininas mais fortes da literatura antiga e que está presente nas reflexões espíritas. O que dizem os outros evangelhos? Ela foi esposa de Jesus? Foi prostituta? Foi a verdadeira fundadora do cristianismo?

Reencarnação – questão de lógica
Américo Domingos Nunes Filho
Estudo • 16x22,5 cm • 320 páginas

A reencarnação, bênção oferecida a toda a criação, é doutrina da lógica e do bom-senso. Ante os inesperados e doloridos acontecimentos da vida, ou quando pais aguardam alegria e recebem tristeza, é nessas horas que fala alto o espiritismo, explicando e provando, pela reencarnação, a misericórdia das leis de Deus.

Meninos também crescem no Além
Wilma Stein • Vovô Sabino (espírito)
Juvenil • 15,5x21,5 cm • 80 páginas

Alcebíades, o Ventania, era ainda um bebê quando foi abandonado na rua, dentro de um cestinho. Encontrado por uma indigente idosa, é por ela criado até os seis anos de idade. Órfão novamente, aos oito anos é atropelado e morto em plena via pública.

ROMANCES DE SUCESSO:

A vingança do judeu

Vera Kryzhanovskaia • J. W. Rochester (espírito)
Romance mediúnico • 16x22,5 cm • 424 páginas

O clássico romance de Rochester agora pela EME, com nova tradução, retrata em cativante história de amor e ódio, os terríveis fatos causados pelos preconceitos de raça, classe social e fortuna e mostra ao leitor a influência benéfica exercida pelo espiritismo sobre a sociedade.

Getúlio Vargas em dois mundos

Wanda A. Canutti • Eça de Queirós (espírito)
Romance mediúnico • 16x22,5 cm • 344 páginas

Getúlio Vargas realmente suicidou-se? Como foi sua recepção no mundo espiritual? Qual o conteúdo da nova carta à nação, escrita após sua desencarnação? Saiba as respostas para estas e outras perguntas, agora em uma nova edição, com nova capa, novo formato e novo projeto gráfico.

O faraó Merneftá

Vera Kryzhanovskaia • J. W. Rochester (espírito)
Romance mediúnico • 16x22,5 cm • 304 páginas

O que realmente ocorreu quando Moisés libertou o povo judeu da escravidão e do exílio? O que ele e os hebreus fizeram para conseguir isso? Como foi a resistência dos egípcios? O livro traz "episódios que ajudarão a esclarecer esse passado remoto, envolto no véu dos séculos".

Não encontrando os livros da EME na livraria de sua preferência, solicite o endereço de nosso distribuidor mais próximo de você através de
Fones: (19) 3491-7000 / 3491-5449
(claro) 99317-2800 (vivo) 99983-2575
E-mail: vendas@editoraeme.com.br – Site: www.editoraeme.com.br